团队的未来

科技和人力资源的高效结合

【英】亚历山德拉·利维特 ◎著　　杨建玫 赵会婷 赵明盟 ◎译

HUMANITY

WORKS

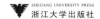

ZHEJIANG UNIVERSITY PRESS
浙江大学出版社

图书在版编目（CIP）数据

团队的未来：科技和人力资源的高效结合 /（英）亚历山德拉·利维特著；杨建玫，赵会婷，赵明盟译.—杭州：浙江大学出版社，2020.3
书名原文：Humanity Works: Merging Technologies and People for the Workforce of the Future
ISBN 978-7-308-19761-8

Ⅰ.①团… Ⅱ.①亚… ②杨… ③赵… ④赵… Ⅲ.①团队管理—研究 Ⅳ.①C936

中国版本图书馆CIP数据核字（2019）第266712号

Copyright © Alexandra Levit, 2019
This translation of Humanity Works is published by arrangement with Kogan Page.
All rights reserved.Simplified Chinese rights arranged through CA-LINK International LLC (www.ca-link.cn)
浙江省版权局著作权合同登记图字：11-2019-282号

团队的未来：科技和人力资源的高效结合

（英）亚历山德拉·利维特　著　杨建玫　赵会婷　赵明盟　译

策划编辑	程一帆
责任编辑	卢　川　程曼漫
责任校对	沈　倩　杨利军
封面设计	VIOLET
出版发行	浙江大学出版社
	（杭州市天目山路148号　邮政编码310007）
	（网址:http://www.zjupress.com）
排　　版	杭州朝曦图文设计有限公司
印　　刷	浙江印刷集团有限公司
开　　本	880mm×1230mm　1/32
印　　张	8.75
字　　数	170千
版 印 次	2020年3月第1版　2020年3月第1次印刷
书　　号	ISBN 978-7-308-19761-8
定　　价	58.00元

版权所有　翻印必究　印装差错　负责调换

浙江大学出版社市场运营中心联系方式:0571-88925591 ; http://zjdxcbs.tmall.com

序

FOREWORD

作为一个整个职业生涯都在思考未来的人，人们总是问我关于未来工作的问题。他们想知道未来会有什么样的工作，需要什么样的新技能，以及当机器人和人工智能夺走所有工作并取代我们时，社会将会怎样。人们对此十分不安，感到不确定。但这些对话似乎都有一个让人焦虑的前提，那就是我们的工作和生活方式受到不可控力量的威胁。多么可悲呀！庆幸的是，工作前景并没有那么暗淡，相反，它是非常令人兴奋的。

大家都知道，我们生活在一个经济和劳动力都处于前所未有的混乱和变革的时代。不管你是首席执行官、团队负责人、自由职业者、看护者还是流水线厨师，你都能感受到我们脚下和周围经济的结构性转变。恐惧是人类面对变化的一种自然反应，但这些恐惧根植于一种常见的误解，困扰着许多关于未来的讨论。人们常常以为，未来是某种无形的必然，是一件将会发生在我们身上的事情，是一件我们必须倾全力准备的事情。就好像我们没有帮手，没有选择，只能随波逐流。这与我们未来的现实相去甚远，当然也肯定不是我们的工作或公司的未来。

在我的一生中,尤其是在我2016年掌管世界未来学会以来,我的使命就是改变这种对未来的普遍的(但被误导的)思维。取而代之的是我所谓的"未来主义思维"。它是如此简单和直观,以至于我们忘记了它是多么真实:我们是未来的创造者。未来就是由我们创造的。每个季度、每个工作日、每时每刻,我们都在创造未来。我们的每一个选择和每一次互动也是在创造未来。

我很高兴亚历山德拉写了这本书,来探讨这个时代最重要的一个话题。《团队的未来》一书是理解职场和工作岗位的巨大变革的一个重要指南。章节中的逸事、研究和专家分析能帮助读者全面理解劳动力范式转变的方式。亚历山德拉也通过大量工作来不断提醒我们职场各个方面的基本人性。最重要的是,她帮助我们思考各种各样的事件和问题,从而使我们适应不断变化的就业市场。

在技术和环境日新月异的时代,《团队的未来》一书可以在帮助全球领导人理解如何利用人类的能力方面发挥至关重要的作用。企业要想在21世纪取得成功,员工和贡献者必须超越专业领域,成为敏捷的终身学习者;必须接受训练,认识到非线性的可能性,并适应模糊性。本书可以帮助你超越过去,让你不再只专注于取得丰厚收益和战胜竞争对手。另外,本书还可以帮助你减轻生活和工作中缺乏成就感和效率低下的压力。

工作不只关乎收入或成功,它还关乎我们投入世界的精力、我们对他人的影响以及生活的意义。如果机器人能代替我们做更多的事情,我们就会有更多精力去提高创造力和工作效率。如果旧的知识或技能还不够,我们就要继续学习,这样,我们不仅可以成为更优秀和更有价值的员工,而且可以成为更优秀的人。我们可以选择"年轻"或者"年老"——容颜易老,但思维必须保持敏捷,否则就会落后。如果我们拥有新世界所需的敏捷、同理心和好奇心,我们将前途无限。

我们一直以来等待的劳动者就是我们自己。我们是职场的未来。我们必须知道这一点,并不断重申这一点,以塑造我们想要的未来。

我对我们正在创造的新经济和劳动力充满了希望并感到兴奋,我们只需要发挥我们的作用,创造我们想要的职场。《团队的未来》一书是我们建设一个更有希望、更积极的职场的重要指南。

朱莉·弗里德曼·斯蒂尔(Julie Friedman Steele)

世界未来学会首席执行官

写于伊利诺伊州芝加哥

目　录

CONTENTS

引　言 / 001

第一章　新一代的劳动力 / 009

生育率下降对人口的影响 / 011

"千禧一代"成为劳动力市场的主力军 / 013

"婴儿潮一代"仍未退休 / 015

劳动力短缺与技能不匹配 / 022

全球人才库的利用 / 027

行动计划 / 032

本章总结 / 033

第二章　技术进步与产业新篇章 / 035

工业 4.0 的崛起 / 039

大数据变得更大 / 043

机器人是全新的人 / 047

机器能走多远? / 050

将机器与人脸和情感融为一体 / 052

半机械人：当机器不再是他者时　　　　　　　　　　　/ 060

行动计划　　　　　　　　　　　　　　　　　　　　/ 061

本章总结　　　　　　　　　　　　　　　　　　　　/ 062

第三章　人类是珍贵的商品　　　　　　　　　　　　　/ 065

对专业人士的需求增加　　　　　　　　　　　　　　/ 067

人类的能力：领导力和团队合作　　　　　　　　　　/ 071

人类的能力：创造力和创新性　　　　　　　　　　　/ 074

人类的能力：判断力　　　　　　　　　　　　　　　/ 077

人类的能力：直觉　　　　　　　　　　　　　　　　/ 081

人类的能力：人际关系敏感度　　　　　　　　　　　/ 085

知识不是一种美德：改变团队的学习方式　　　　　　/ 088

偏见陷阱：克服人类的致命弱点　　　　　　　　　　/ 096

行动计划　　　　　　　　　　　　　　　　　　　　/ 099

本章总结　　　　　　　　　　　　　　　　　　　　/ 099

第四章　不断变化的工作结构　　　　　　　　　　　　/ 101

日益增多的联合办公运动　　　　　　　　　　　　　/ 104

弹性工作制成为常态　　　　　　　　　　　　　　　/ 107

虚拟团队与群集现象　　　　　　　　　　　　　　　/ 114

通过增强现实、虚拟现实和远程呈现进行协作　　　　/ 120

行动计划　　　　　　　　　　　　　　　　　　　　/ 126

本章总结　　　　　　　　　　　　　　　　　　　　/ 127

第五章　未来的零工经济机制　　　　　　　　　　　　　/ 129

　　合同工的崛起　　　　　　　　　　　　　　　　　/ 131

　　合同工利弊兼具　　　　　　　　　　　　　　　　/ 135

　　为合同工创建一个财务案例　　　　　　　　　　　/ 137

　　使合同工的敬业度最大化　　　　　　　　　　　　/ 138

　　让你的团队准备好成为未来的合同工　　　　　　　/ 144

　　失去合同工作时:全民基本收入是一种解决方案吗? / 146

　　行动计划　　　　　　　　　　　　　　　　　　　/ 152

　　本章总结　　　　　　　　　　　　　　　　　　　/ 153

第六章　冒险的选择——职业个性化　　　　　　　　　/ 155

　　服务期和岗位调动　　　　　　　　　　　　　　　/ 163

　　培养跨职能专业技能　　　　　　　　　　　　　　/ 167

　　穿戴装备助力职业个性化　　　　　　　　　　　　/ 173

　　行动计划　　　　　　　　　　　　　　　　　　　/ 176

　　本章总结　　　　　　　　　　　　　　　　　　　/ 177

第七章　未来职场文化及体验　　　　　　　　　　　　/ 179

　　2030年的组织文化　　　　　　　　　　　　　　　/ 182

　　转变企业文化　　　　　　　　　　　　　　　　　/ 186

　　谁拥有员工体验? 靠团队的努力　　　　　　　　　/ 190

　　设计思维:体验的基石　　　　　　　　　　　　　/ 194

　　改革绩效评估办法　　　　　　　　　　　　　　　/ 198

祝贺：OKR 未来的目标 / 207

行动计划 / 211

本章总结 / 212

第八章 对教科书式的典型CEO说再见 / 215

"千禧一代"的职业发展 / 218

"Z 一代"的到来 / 221

告别命令与控制型领导力，迎来变革型领导力 / 225

21 世纪领导者的必备技能和特征 / 231

21 世纪的女性领导者 / 236

行动计划 / 239

本章总结 / 239

第九章 组织的核心板块 / 241

品牌塑造 / 243

声誉管理 / 246

企业伦理 / 249

知识产权 / 252

数字转型和颠覆 / 255

招聘和员工权利 / 257

全球扩张 / 265

行动计划 / 267

本章总结 / 267

说　明 / 269

引　言

试想一下，当你正要登录某个网站时，突然弹出了一个烦人的"测一下你的人性"的窗口，你会有什么感觉？你费了好大的劲儿，同时按下数字"4"和"5"两个键，才进入了你想要上的网站。谢天谢地，总算登上去了。

在未来的职场上，要想证明我们的人性并非易事。要向别人证明我们是人类就更困难了。

据全球咨询公司麦肯锡调查，在人工智能软件的协助下，近一半人类劳动已经可以由机器来完成。该公司共对70种职业进行了调研，其中90%的工作都可以由机器来替代，包括邮件快递员、面包师、会计师和实验室技术员等。2011年，IBM的人工智能平台沃森（Watson）在智力挑战赛中击败了人类选手，获得冠军，但这只是个开端。目前，人工智能还可以诊断癌症、进行复杂的纳税申报。2016年普华永道的统计表明，未来5年，将有60%的首席执行官因人工智能的出现而缩减工作，但仅有16%的首席执行官表示，由于机器人技术的出现，他们打算招聘更多的员工。

2017年秋，我在《纽约时报》上发表了一篇关于生产自动化的文章。我的观点是，在某些需要人际沟通的特定职业领域，比如教学和护理等，人类永远不可能被机器取代。

但是，按照未来智能咨询公司执行董事兼分析师、《机器之心》（*Heart of the Machine*）的作者理查德·扬克（Richard Yonck）的观点，我们永远不应该这么说。"从21世纪头十年中期开始，计算机硬件和算法技术取得了重大进展，这就使我们能够在深度学习方面取得一些重大突破。因此，我们目前正在开发情感计算和软件程序，它们能够识别我们的情感和意图，并做出相应的反应。"

老龄化的加剧和劳动力的萎缩使日本在社交机器人技术方面取得重大进展。日本理化学研究所和住友理工株式会社共同研发了一款名为"熊护士"的护理机器人。这款机器人看起来像一只高大的白熊，它不仅能把病人从床上抱起来，还可帮助病人活动四肢。它既强壮又温和，能给病人以安全感，还可以和病人交流互动。

在这个机器人能够做越来越多事情的世界里，我们人类又能做些什么呢？领导者应该怎样建立一支综合团队，使其能够在急剧变化的商界既保持竞争力，又保持高效和理智呢？

我在12岁时就开始对此有所思考。我生活在华盛顿特区的郊区，从小就喜欢和爸爸一起读科幻小说。我喜欢读《安德的游戏》

（*Ender's Game*）这套丛书，而爸爸则特别喜欢《星际迷航：下一代》（*Star Trek：The Next Generation*）。一天，我们驱车一个多小时穿越两个小镇，去参观世界未来学会总部。在那里，我们了解到人们对即将到来的21世纪生活的预测。我最喜欢的一项发明叫互动电视。它是一种可以拿在手里的迷你型电视，你可以通过它选择你想听的摇滚歌曲或者观看你喜欢的电影。像1988年时的那种守在收音机前几个小时以期听到播音员播放麦当娜最新歌曲的时代已一去不返，按需即时得到娱乐的想法是极具诱惑力的。这种想法让我着迷，那时我决定长大后要成为一名未来主义者，或者成为一个能够基于当前趋势预测未来的人。

当然，世界未来学会的预测是正确的。互动电视是智能手机的前身，如今几乎我们每个人都有一部这样的智能手机。而我也如愿以偿地成了一名未来主义者。然而，这却需要我重新审视自己。就像现在的领导者需要重新审视他们自己才能引领企业朝着正确方向迈进那样，我也需要朝既定目标前进。

从西北大学毕业后，我就职于纽约的一家大型公关公司。我花了几年时间才了解了这一行，并且意识到我并不适合这一行业。这一行业竞争激烈、压力大、工作时间长，老板也不喜欢我这样的员工。我想成家，想拥有一份有足够的时间陪伴我未来孩子们的事业。于是我就慢慢地筹办自己的咨询公司。在此期间，我也写了几本书，并通过做志愿者免费积累了一些工作经验。2008年，当我的第一个孩子出生时,我便毅然决然地决定开展自己的业务。

如今,我成为未来主义者的梦想已成为现实,同时,我也成为一名真正的21世纪员工。在过去的6个星期里,我为12个客户提供过咨询服务,加入了4个虚拟团队,还在半夜召开过2场电话会议。我通常会预测我的客户需要什么,并在他们发现问题之前将那些问题解决掉。我密切关注市场的发展,以便在必要时能迅速调整工作重心。

当我不知道该如何做一些别人交代的事情时,我就会在大型开放式网络课程平台慕课(MOOC)上学习。最重要的是,我会重点教一些企业如何为企业自身和员工服务。

我们并不是被动地等待事情发生,相反,我们往往事先了解工作环境,并采取措施使之朝着对我们有利的方向发展。我们会考虑在企业内可能会发生什么样的事情,并且调整我们的目标,以做到有备无患,然后立即采取行动,并在前进的道路中不断更正错误。

这正是我们打算做的事。本书将用九章的篇幅来探讨人口构成、科技进步、工作架构、组织优先权、领导模式、个人职业道路和人类在未来几年所起的作用。在论述时,本书参阅了有关文献资料,借鉴了我对商业圆桌会议、德勤会计师事务所、管理收购合作伙伴公司(MBO Partners)及德锐大学职业咨询委员会等组织的研究成果,引用了有关案例、专家访谈和趣闻逸事。我希望本书能在贵公司迈向21世纪中叶之际,激发你的好奇心、创造力、创新性和乐观精神。

本书将介绍以下内容：

第一章将探讨人口结构的变化、"婴儿潮一代"带来的劳动力数量的增加、劳动技能的下降、跨国劳动力的崛起和全球人才库的建立。

第二章将讨论自动化和人工智能在21世纪的企业中所起的作用。

第三章将探究在未来15年内人类职业的变化，思考如何确保人类能够像机器一样具有出色的协作能力，以及领导者该如何鼓励员工学习新知识，以确保企业的发展与时代同步。

第四章将重点关注联合办公、弹性工作制度、虚拟团队或群体，以及诸如增强现实、虚拟现实和远程呈现等远程访问技术的引进。

第五章将对促进全球就业增长的因素进行调查，调查雇主和雇员对合同工感兴趣的原因。

第六章将讨论帮助领导合理用工的职业个性化、跨职能发展以及工作或生活中的可穿戴设备。

第七章将深入探讨促使企业长期成功的文化因素，并指出21世纪的理想员工应具备什么样的素质，包括如何在员工生命周期的诸阶段开展有意义的互动活动，并利用这些互动活动来提升员工对企业的参与度和工作效率。

第八章回顾企业中指挥控制型的领导风格向更透明、更灵活、更扁平的领导风格的转变进程，以期更好地适应21世纪中期企业发展的需要。

在最后一章,本书将重点关注企业的品牌设计、道德建设、组织剧变和扩张等核心问题。到2030年,企业的领导者必须面对劳动力现状并携手共对。

我将在每一章分析两个案例或问题,旨在让读者了解如何使抽象想法在现实商业领域实现。每章结尾都有一个供你思考的行动计划,以便你为筹建21世纪的团队和组织做好准备。

请记住,创造未来的是我们,而非计算机科学家和工程师。让我们行动起来吧!

第 一 章

新一代的劳动力

在一次会议上，我遇到了 16 岁的高中生乔什。他耐心地等我发言结束后才向我做了自我介绍。他考究的西装、条纹型领带和闪闪发亮的皮鞋使他看起来远不止 16 岁。只有他那双彩色菱形图案的袜子才暴露了他的真实年龄，我由此判断，他一定是一位富有追求但非常个人主义的年轻人。

乔什告诉我，他就读于一所因数学和科学而著名的重点中学。尽管如此，他觉得课程对他来讲还不太具有挑战性，因此他每天都会和亚洲的同学一道在网上做些较难的物理题。他想问我是否有必要上大学。他说："我觉得自己可以在虚拟世界里学到我所需要的一切东西。未来的工作竞争不是在美国的大学教室而是在网上，难道不是吗？"

美国生育率的不断降低和经济持续衰退使乔什成为 1996 年至 2010 年间人口出生率相对较低的"Z 一代"（95 后）。我属于 1965 年至

1979 年之间出生、人口也相对较少的"X 一代"。[1]在我大学毕业时，人人都能找到工作。而"X 一代"的人口数量并不能满足美国就业的需求，有才能的"X 一代"则可以找到他所喜欢的任何工作。

乔什所言有些道理，他面临的情况与我们那时迥然不同了。在美国并没有那么多"Z 一代"与他竞争，与他竞争的是来自世界各国的最优秀的技能人才。这就是他总是和那些亚洲孩子一起在网上讨论物理难题的原因，也是他对自己是否该花时间和金钱上大学感到困惑的原因。

在深入了解未来几年我们将如何工作之前，让我们首先探讨一下在未来谁才能找到工作。众所周知，人口结构和全球化对就业群体和就业地点都会产生影响。在本章我们将讨论登记在册的人口的结构变化、"婴儿潮一代"工作期限的延长、技能型人才的短缺、跨国劳动力和全球人才库的持续增长。

生育率下降对人口的影响

美国人口普查局发布人口信息时，美国人总是习惯于听到好消息。但普查局发布的数据有些令人担忧，据《华尔街日报》报道，在 2016 年，美国人口只增长了 0.7%，创处于经济大萧条时期的 1936—

---

[1] "Z 一代" "X 一代" 与下文提到的 "婴儿潮一代" "Y 一代"，都是对某一特定时期出生的群体的称谓，但具体的划分没有确凿的界定。——编者注

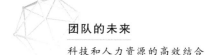

1937年以来的新低。美国疾病控制与预防中心发布的数据表明,美国生育率在2016年降至100多年以来的最低点。生育率是指年龄在15岁至44岁之间的1000名妇女生育子女的数量。至2016年年底,美国平均每1000名妇女只生育了59.8名婴儿。

对欧洲人来说,这么低的生育率是一件司空见惯的事。欧洲许多国家的人口增长率都低于人口死亡率,这就导致了欧洲人口呈现负增长。但我们不必为此而恐慌,毕竟发达国家出生率的大幅下降只发生在工业革命期间和第一次世界大战之后,目前全世界的人口出生率还是相对稳定的。

工业化国家的人口在很大程度上是依靠移民维系的。皮尤研究中心的分析师德维拉·寇恩(D'Vera Cohn)认为,在未来几十年里,工业化国家的人口将会变得更加多元化。到2055年,某个种族或民族在美国占绝大多数的现象将不复存在。如今,美国近14%的人口都是外来移民,而这一比例在1965年仅为5%。亚洲已取代拉丁美洲,成为美国移民的最大来源地。自1970年以来,非洲移民的数量也在增加,每10年翻一番。

与此同时,发展中国家的人口呈现爆炸式增长。联合国人口基金会认为,现代医疗技术的进步和生活水平的提高大大降低了婴儿、儿童和产妇的死亡率,从而提高了人们的预期寿命。虽然生育率下降了,但生育率还是高于死亡率。

由于存活率的提高和人口基数较大,育龄妇女的人数也在增加。

即使这些妇女平均生育的婴儿较少，但还是会有大量的新生婴儿临世。到2050年，世界上最不发达国家的人口将增加一倍，有些国家甚至可能会增加两倍。

到2050年，印度的人口数量将会增至16亿，有望成为世界上人口最多的国家。中国则紧随其后。目前，中国是世界上人口最多的国家，到2030年将达到14.5亿的人口峰值。2015年中国调整了生育政策，提倡每对夫妻生育两个孩子。在2016年，中国新出生人口数为1786万。

这些人口发展趋势对你来讲意味着什么？怎样做才能确保你的业务不受劳动力短缺的影响？在本章结束时，你将会得到答案。

"千禧一代"成为劳动力市场的主力军

出生于1982年至2000年间的"千禧一代"（也被称为"Y一代"）在2015年已成为劳动力市场的主力军。当提到"千禧一代"的时候，我们的脑海里马上会浮现出他们身怀理想、背负巨额债务、住在父母家的地下室里的形象。自从最年长的"千禧一代"于2002年进入职场以来，虽然我一直在和一些企业人员谈论"千禧一代"，但我对他们并不是特别了解。

但今天"千禧一代"的真实面貌与我们过去对他们的印象已截然不同了。2017年，我曾经与德勤公司合作开展了一项关于"千禧一

代"领导力的研究,调查了来自巴西、加拿大、中国、德国、印度、墨西哥、英国和美国8个国家的1200名"千禧一代"的专业人士。针对"千禧一代"领导力的态度及其担忧的问题,我们还对来自以上8个国家的38位"千禧一代"的教育和商界精英领袖进行了专门采访。

研究表明,在所有在职的"千禧一代"中,有50%的人已经符合了我们对领导者的界定,这也意味着他们拥有决策权或至少有两名直接的下属。而在这50%的人中,虽然44%的人仅有3至5年的工作经验,但有41%的人却直接领导着4个或更多的直接下属。而与此相比,大多数"婴儿潮一代"和"X一代"在这个年龄时还在企业基层工作。

由此可见,许多企业还没有准备好让这些年轻专业人士成为管理者。就当前"千禧一代"的领导者而言,只有36%的人认为他们已经为进入领导管理岗位做好了准备,30%的人仍然感觉到还没有准备好。如何与人相处、应对复杂情况、对生产进行经营管理和处理纠纷是他们备感困惑的问题。

虽然"X一代"和"Z一代"在市场中占据主导地位,"婴儿潮一代"还在发挥着作用,但"千禧一代"及其偏好对全球劳动力的发展仍有着决定性影响。在以后的章节中我们将对此进行讨论。

"婴儿潮一代"仍未退休

美国劳工统计局的最新调查数据表明,在65岁以上的美国人中,有近20%的人目前仍在工作。这是自20世纪60年代至美国医疗保险计划开始实施的这段时间里老年就业人口最多的时期。1946年至1964年间出生的"婴儿潮一代"平均将达到65岁的传统退休年龄。这也意味着美国进入有史以来老年劳动者数量最多的时期。到2020年,预计有三分之一的英国工人将超过50岁。

一些因素导致了"婴儿潮一代"退休的延迟。联合国的统计数据表明,中国的人口老龄化速度比近代史上任何一个国家都要快。到2050年,中国退休人员的抚养比率可能会高达44%。抚养比率是非劳动年龄人口数与劳动年龄人口数之比。如此高的抚养比率会给政府的财政带来巨大的压力,并可能迫使许多中国老年人以某种形式重返工作岗位。

与此同时,泛美退休研究中心的研究发现,有一半老龄劳动者是迫于资金压力而延迟退休;还有一些人,由于金融危机掏空了他们的全部储蓄而不得不继续工作;也有一些人本来就没有多少积蓄,但不断上涨的生活成本迫使他们不得不坚守工作岗位。社会保障不再像以前那样使他们有安全感了。

可以理解的是,随着人们年龄的增长,医疗保健的需求在增加,医疗成本也在逐年上升。富达国际告诉我们:"有一对65岁的夫妇,

今年即将退休。他们算了一下,预计得一下子支付退休期间的24.5万美元的医疗保健费用,而在去年只需要支付22万美元就可以了。这与2005年的19万美元相比增长了29%。"

除了常见的健康问题外,"婴儿潮一代"的平均寿命也比前几代人长,体力上也允许他们比前几代人工作更长的时间。2016年,乔治·洛伦佐(George Lorenzo)在《快公司》杂志上发表的一篇文章提到,皮尤研究中心发现,"婴儿潮一代"认为到72岁左右才算老人。洛伦佐写道:"长期以来,那种与退休有关的根深蒂固的文化和历史传统观念很快就要过时了。许多婴儿潮时期出生的人认为自己退休后不再是仅仅玩牌、打高尔夫、钓鱼和放松。"

这篇文章使我想起自己的经历。我的岳父、岳母都出生于1942年,都是传统主义者。他们在62岁时向公司递交了退休申请,退休后就搬到了佛罗里达州定居,从此再也不考虑工作的事情了。十多年过去了,他们仍然喜欢和社区里的其他退休老年人一起玩麻将、打网球或外出吃饭,以消磨时光。退休社区就像是老年人的露营地一样。

与他们相反,我的父亲则属于"婴儿潮一代"。在将近70岁的时候他才退休,但他一点儿也不适应退休后的生活。在大多时间里他都感到茫然不知所措,我看见他在公寓里踱来踱去,呼吸微弱,并不断地说这儿痛那儿痛,直到我建议他找份兼职工作。于是,我父亲便开始在网上讲授心理学和统计学,并在一家收容所做志愿者。只有把自己的日程安排得满满当当的时候,我的父亲才恢复了身心健康。

　　像我父亲这样的例子并不少见。洛伦佐在文章中提到,位于芝加哥的拉什大学阿尔茨海默病中心进行的一项研究表明,有目标的生活(通常来自基本有偿就业或志愿工作所带来的强烈意义感)有利于大幅度降低中风、痴呆、运动失调、残疾及早逝的概率。

　　而且还有一个关键因素,那就是"婴儿潮一代"对工作很享受。例如,泛美退休研究中心的研究显示,在65岁以上的"婴儿潮一代"中,有超过三分之一的人仍在工作,因为他们喜欢工作,并且乐在其中。本·史蒂夫尔曼(Ben Steverman)在彭博社发表的一篇文章提出,这是因为他们文化程度较高。他说:"波士顿学院退休研究中心发现,拥有大学本科和研究生学位的人往往比学历低的人工作时间更长。"

　　虽然"婴儿潮一代"可能需要工作并乐意工作,但大多数人并不希望延迟退休后每天工作的时间与他们在职业生涯巅峰时期工作的时间一样长。2016年,沃顿商学院工作与生活整合项目主管斯图尔特·弗里德曼(Stewart Friedman)在沃顿知识在线的一篇博文中指出,最近10年将会迎来量身定制的退休时代。弗里德曼认为,劳动力市场的转变将越来越有利于那些希望放慢生活节奏但仍希望活跃在工作岗位上的人。他指出:"要么工作要么退休的时代已一去不复返了。我们将会看到越来越多达到退休年龄的人仍在继续做事,他们在做兼职,继续发挥着自己的余热。"

　　波士顿学院经济学教授约瑟夫·奎因(Joseph Quinn)和波士顿学

院斯隆老龄化与工作研究中心的经济学家凯文·卡希尔（Kevin Cahill）共同在沃顿知识在线博客上发表了一篇有关劳动力退出模式的文章。文章指出，60%的员工退休后会从事其他工作。奎因说："事实上，我们发现有相当一部分人，即大约有15%的人，在退出工作岗位4年后又重返劳动力市场。我们将这种现象称之为'未退休'。他们之所以重返工作岗位，要么是经济原因，要么是因为感到生活无聊。"

那么，他们从事的工作属于什么性质呢？属于零工经济。如今，许多"婴儿潮一代"都乐于接受这种零工经济。零工经济指公司提供临时职位，并与工人签订短期雇佣合同的一种普遍的经济形态。我们将在第五章对此进行更详细的讨论。拼车公司和零工经济的典型代表优步最近声称，在公司里，50岁以上的司机的数量比30岁以下的多。零工经济为"婴儿潮一代"提供了实现自我价值的机会。

Encore.org就是一个帮助数百万人追求事业第二春以实现其价值最大化的组织。该网站向正处于老龄化的"婴儿潮一代"提供包括"目的奖"在内的诸多服务。500多名60岁以上的创新者因为将自己的技能和才华贡献给了世界各地的社区而获得了"目的奖"这一殊荣。另一个名为"经验至关重要"的组织是联系"婴儿潮一代"和非营利组织的桥梁。

零工经济也给那些以赚钱为目的的"婴儿潮一代"提供了许多工作机会。《事业第二春：在半退休期间50种激情受益方法》（*Second-*

Act Careers: 50＋Ways to Profit from Your Passions During Semi-retirement）一书的作者南希·科拉默尔（Nancy Collamer）对《快公司》杂志的记者说："对'婴儿潮一代'来说，从事自由职业、咨询工作、网上销售产品和服务等工作的机会已经成了现实。开展线上业务所需的资金比建立实体企业要少得多。"

"婴儿潮一代"工作时间较长还有一个很重要的原因是，他们的雇主不希望他们早退休。尽管有些雇主在雇用"婴儿潮一代"从事新工作时往往会嫌弃他们年龄偏大，但是"婴儿潮一代"也有自己的独特优势。当企业意识到"婴儿潮一代"拥有丰富的难以替代的经验时，便让他们分阶段退休，缩短每天的工作时间，同时给予他们退休福利、弹性工时和兼职工作等待遇。

我们之前引用的沃顿知识在线上的一篇博文指出，面对即将到来的大规模退休潮，美国政府已经在许多机构面前提出了让"婴儿潮一代"延迟退休的想法。但是，根据过去的法律规定，退休员工的退休金必须等于或大于他们退休后从事兼职工作所得，因此这就不能给那些已达到退休年龄但还想继续从事兼职工作的人以足够的经济刺激。

于是，政府便制订了阶段性退休方案，允许工人从目前的工作岗位上半退休，并继续履行部分岗位职责，同时给予他们与其付出相对应的额外退休福利。为了工作的交接，公司也会要求他们花20%的时间来指导新员工。

到21世纪30年代,"婴儿潮一代"的退休浪潮将成为企业不得不面临的问题,而且,到21世纪中叶,企业也将面临"千禧一代"的退休问题。此外,每次大规模的员工退休都使企业经历有经验的人员流失、高昂的招聘和培训费用,以及新员工适应环境时的生产效率低下等带来的混乱。

　　因此,企业的领导者制订完善的方案以防止人才流失就显得至关重要。首先,企业领导者最明智的做法是以积极的心态对待退休潮问题。要对所在区域、行业和公司的人口统计数据进行分析,了解哪些人即将退休,他们的退休会造成哪些必备技能和经验的流失。其次,在他们退休前要留下他们的联系方式,了解他们退休后的规划,征求他们的意见,看他们是否有退休后在公司担任顾问、咨询师或兼职的意向。应当注重新老员工在工作上的无缝对接,鼓励老员工将自己的知识和经验无私地传授给新员工。当然,知识和经验的传授方式得视具体情况而定,可以是一对一的当面传授,也可以采用电子文档、维基网站或视频等方式。

　　聚　焦

　　福特汽车公司的阶段性退休计划

　　丽贝卡·奈特(Rebecca Knight)在《哈佛商业评论》上分享了汽车巨头福特公司人事关系和员工政策主管朱莉·拉

文德(Julie Lavender)的故事。朱莉说,当她听到在公司工作了近30年的优秀员工玛丽亚即将退休的消息时,她心里便惴惴不安起来。

朱莉之所以在听到这个消息时有些惊慌失措,是因为玛丽亚所从事的政府采购和合规方面的工作是一项复杂的工作,而这项工作不仅需要耐心,还需要很长时间才能与客户建立起亲密的合作关系。玛丽亚能做到这一点,是一名不可或缺的员工。

朱莉便劝说玛丽亚申请了福特公司的阶段性退休计划。该计划允许即将退休的员工以全职工资推迟退休6个月。当听说公司批准了玛丽亚的申请时,朱莉如释重负。她知道,她可以趁玛丽亚继续工作的这段时间好好物色、培训新人,以接替玛丽亚的工作。

后来,朱莉就确定让凯莉来接替玛丽亚的工作。最开始时,玛丽亚决定前3个月全职工作,后3个月带薪休息。但事不凑巧,凯莉最近正忙于处理公司职位晋升和工会谈判事宜,并没有时间马上接替玛丽亚的工作,因此,玛丽亚便主动要求调换工作时间,以便有更多的时间指导凯莉。

在朱莉的协调下,凯莉和玛丽亚共同制订了一个全面的工作交接计划。玛丽亚把访问代码、报告撰写指南和客户

的联系方式等许多重要的内部资料都存储在了公司的电脑里,这就促进了知识转移。此外,玛丽亚还把公司内外与工作有关的关键人物引荐给了凯莉。

总之,玛丽亚带着大家对她的尊重和赏识退休了,而凯莉也满怀信心和热情进入了新的工作岗位。当玛丽亚的带薪假期结束时,公司为她举行了隆重的欢送仪式。她向凯莉和其他同事保证,公司如有需要,她将义不容辞。最重要的是,这些话是她发自肺腑的。

劳动力短缺与技能不匹配

美国人力资源管理协会首席经济学家帕梅拉·巴伯考克(Pamela Babcock)2016年发表的一篇文章称,世界大型企业联合会首席经济学家盖德·勒瓦农(Gad Levanon)在一次人才招聘大会上宣布,"婴儿潮一代"的退休和劳动生产率的下降导致了劳动力市场的萎缩;在过去5年里,非农部门的劳动生产率(不包括政府、家庭、个人和非营利组织的经济活动)每年仅增长0.5%,而在金融危机(2008年)之前的10年间,年均劳动生产率增长的速度达到了2%至3%。与此同时,失业率也攀升至经济学家视为充分就业的5%。

从现在到2030年,劳动力的数量几乎不会增长,这就给企业领导人带来了麻烦。目前,他们已经在招聘和挽留合格员工方面遇到了困难。世界大型企业联合会基于以下情形对未来10年劳动力短缺情况进行了分析:某个职业预计会增加多少就业岗位? 该岗位上将会有多少人就业或失业? 从事该岗位是否需要相应的教育或工作经验? 该职业领域的弹性如何? 是否需要从业证书? 该项工作是否可以离岸外包或由持有签证的外国雇工来完成?

人口老龄化和医疗改革预示着会出现医疗工作者在全球范围内相当紧缺的情况。据估计,到2024年,包括职业治疗师和物理治疗师在内的许多职业的需求将会增长40%。科学、技术、工程和数学领域内的一些职业也会有人才供不应求的现象,预计数学人才(例如,精算师和统计学家)将会严重短缺。

巴伯考克在文章中提及了勒瓦农的观点:许多人即将退休和年轻人不愿从事该工作的事实将会在一定程度上导致熟练工人(如机械师、工厂和系统操作员、电工等)严重短缺。例如,在未来10年,预计将有42%的铁路运输工人退休。虽然自动化会部分缓解劳动力短缺问题,但是工作越复杂,机器就越难取代人类。我们将在下一章讨论这个问题。

我目前担任一家非营利组织——职业咨询委员会——的主席,该组织在2010年成立于德锐大学,旨在为求职者提供就业指导。我们的年度研究报告《就业准备指标》(Job Preparedness Indicator)追踪

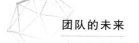

了招聘经理所需的人才类型和求职者在面试中的表现这二者之间的差距。最新的《就业准备指标》表明,尽管全球化可以使企业在任何地方招募自己需要的员工,但大多数公司仍然更愿意雇用本地员工。事实上,有75%的招聘经理表示不愿意从其他地区调配员工。然而,这也就意味着他们根本就不可能在当地招聘到所需人才。

虽然内华达州、亚利桑那州和佛罗里达州的经济仍未走出次贷危机的阴影,它们的失业率仍高于美国全国的平均水平,并没有像纽约那样出现劳动力短缺的情况,但是,还有另外一个因素影响着各州经济的发展,那就是3岁至17岁和50岁至64岁人群的年龄构成或比例。到2030年,目前3岁至17岁的人将全部达到劳动年龄,而目前50岁至64岁的大部分劳动力将退出劳动大军。

当我们朝着2030年迈进时,企业该如何应对劳动力短缺和地域技能不匹配的问题呢?巴伯考克建议,应当根据职业和地区来评估未来的劳动力市场状况,着眼于以前未开发的劳动力群体,包括新移民、延迟退休的老年工人、失业而不积极找工作的人或未充分就业的工人等。由于某些地区的某些职业会出现劳动力严重供不应求的情况,企业应采用灵活的招聘政策。例如,与其让一名当地员工每天都到办公室而无所事事,还不如考虑招聘一名每月来回飞一两次的外地员工来完成该项工作。

你还可以考虑将公司搬往外地,而不是一成不变。正如万宝盛华公司前首席执行官杰弗里·乔瑞斯(Jeffrey Joerres)最近在接受《哈佛商业评论》的艾米·伯恩斯坦（Amy Bernstein）采访时所言，人才库的位置在变化。他说："我们发现我们所需的技能人才会出现在世界的不同国家或地区。几年前信息技术开发人才集聚于克拉科夫，现在则转移到基辅。人才库这种不断游离的状态就要求你在必要的时候随时准备收拾东西搬家。"这种方法被称为微观市场分析或微足迹。企业可以将办公地点从一个国家快速转移到另一个国家，以领先于竞争对手。

如果你需要一支战斗力强悍的军队，却找不到合适的士兵，那么就采取灵活的招募方法。我们将在下一节和本书的后面讨论如何更容易地招聘到你所需的员工。

聚　焦

2030年全球卫生劳动力市场

医疗保健行业是受人口结构变化和技能短缺影响最大的行业之一。2013年，美国国立卫生研究院的珍妮·刘（Jenny Liu）及其同事根据世界卫生组织全球卫生观测站的165个国家的卫生劳动力数据，对2030年全球所需卫生劳动力进行了预测。他们以经济增长、人口统计和医疗覆盖率为变量建立模型，预计到2030年，全球对卫生劳动力的需求将增至8000万人。

　　这一数字是目前卫生劳动力的两倍。据估计,到2030年,全球卫生劳动力的供应量仅为6500万人。因此,届时全球将面临1500万卫生劳动力的缺口。

　　刘和她的同事认为,在经济发展、人口增长和老龄化的推动下,东亚和南亚那些中、上等收入水平的国家对卫生劳动力需求的增长将是最快的。因为供不应求,这些国家将普遍面临劳动力紧缺的情况。相比之下,许多低收入国家将会面临需求和供应的低速增长,难以达到基本卫生服务充分覆盖的要求。

　　对于一些最不发达国家而言,它们对卫生劳动力的需求则可能会远远低于供给,从而造成最不发达国家的卫生劳动力过剩而其他国家卫生劳动力严重短缺的情况。这是我们前面所讨论的劳动力短缺和技能不匹配的一个典型事例。

　　因此,我们怎样才能改变这种状况呢?值得庆幸的是,刘和她的同事们都认为,如果能通过更好地利用科学技术、培训劳动技能和进行体制改革来提高劳动生产率,预计到2030年全球劳动力短缺的情况将可能不会发生。

　　这就要求国际社会加大对卫生劳动力短缺国家的投资。

此外，我们还必须找到提高有限的卫生劳动力工作效率的方法，并实现国家内部或各国间卫生劳动力的有效配置。

美国国立卫生研究院的研究人员指出，我们可以通过调整现有卫生工作者的数量和技术类型来满足社会对卫生工作者的需要，尤其能够满足中高收入国家对卫生工作者日益增长的需求。服务效率的提高有助于充分发挥医生的医疗水平，从而相应减少对同等服务水平医疗人员的需求。

然而，事情并非那么简单。从另一方面讲，医疗技术的进步也进一步扩大了技术对疾病的干预范围，从而能够治疗更多的疾病，这也加大了社会对高技能卫生人才的需求。政府和行业应当紧密关注医疗技术的发展，以便制订出最有效的应对策略。

全球人才库的利用

过去20年，科学技术的进步使人们的工作地点不再受其出生地和所属种族的限制。如今，发展中国家培养的技术工人的数量几乎和发达国家一样多。如果人们能主动学习并正确掌握某项技能，即使是来自偏僻农村的员工也会具有较强的竞争力。这样，跨国界、跨时区的协作就变成了一件很容易的事。

美国人力资源管理协会基金会的一篇论文《全球劳动力的参与与整合》(Engaging and Integrating a Global Workforce)写道:"以前企业只能通过在省级报纸上发布广告或委托国内招聘机构来招聘人才,现在则可以通过互联网来完成。具有全球化视野的员工也可以通过领英网等多种在线渠道在海外或跨国公司找到工作。"

当我们朝着21世纪中叶迈进时,找工作的渠道可能会呈指数增长,但仍然存在局限性。虽然你可以从世界任何一个地方向招聘单位发送简历,但招聘经理也会考虑异国的求职者来工作的概率有多大。除了招聘经理的偏见以外,国外的应聘者还会面临适应生活的挑战和应对弹性工作制的可能性。我们将在第五章详细讨论这个问题。

未来的企业将会更加关注如何在不增加员工数量的情况下提高生产率,这就需要企业转变观念,努力使自己从人才的拥有者变成人才的吸引者。采取以合同工和众包为重点,以外部化、全球化和技术化为基础,并能充分利用具有国际竞争力的自由职业者的战略是实现这一目标的途径之一。

开放性的创新先锋意诺新公司(InnoCentive)的社会业务架构师布拉登·凯利(Braden Kelly)对此持赞同态度。他提出:"在这个新时代职场,应该具备两个最重要的工作技能,那就是把工作分解成若干个易于控制的、可以由诸多内部和外部人才完成的任务单元,并制订一个可以对任务单元进行分配、集聚、合成及执行,从而实现整体项目目标的计划。"我们在第五章将对此进行进一步讨论,请予以关注。

然而技术只是推动劳动力全球化的重要因素之一。美国人力资源管理协会基金会的研究报告显示,贸易自由化的扩大和贸易壁垒管制的放松给企业带来了迟缴关税、取消关税或者豁免关税的好处,从而鼓励企业进一步加大国际化扩张的步伐,扩大国际货物和服务的贸易规模。世界上许多大型公司已经实行跨越经营,它们在其他国家或地区的业务规模和员工数量与本国相比有过之而无不及。

全球移民委员会执行理事林恩·肖特韦尔(Lynn Shotwell)和该委员会的全球移民专家安德鲁·尤代尔(Andrew Yewdell)在美国人力资源管理协会发表了一篇题为《踏入全球人才市场》(Tapping into the Global Talent Market)的文章。该文认为,跨境人力资本流动是未来经济顺利发展的关键。"商品和服务的高效交付将有赖于供应链中某些国家的人才。如何将人才与跨境需求相匹配是21世纪人力资本面临的重大挑战之一。"

据肖特韦尔和尤代尔推测,老套的移民政策和繁杂的手续将阻碍各国及时灵活地从全球人才库获得人才。例如,美国特殊专业人员/临时工作签证(H-1B)工作年限的规定和政府每年对绿卡发放数量的限制成为人才引进的瓶颈,使雇主们无法雇用到他们所需的高技术移民。同样,英国的脱欧也可能会对其雇用欧盟其他国家的员工造成负面影响。他们还在文章中写道,随着各国开始采用复杂的

电子跟踪系统并加大对雇主的审计力度,那些未经许可的用工即使是短暂的、临时和正当的,也可能使公司高管和流动员工遭受罚款、驱逐,被宣布为不受欢迎的人,甚至受到刑事处罚。

肖特韦尔和尤代尔说:"雇主在雇用外国员工时,不仅要考虑其工作和居住是否能得到国家有关机构的许可,还要对其行为是否符合税法、反腐败法(例如《美国海外反腐败法》和《英国反贿赂法》)以及国际劳工招聘方面的法律规定(如英国颁布的《现代反奴隶制法案2015》)进行监管。在某些情况下,国家对整个雇佣的供应链都应加强监管,正如《加州供应链透明度法案》所规定的那样。"

正如肖特韦尔和尤代尔所说,对全球人才流动的管理是一件既耗时又未必有效的事儿。虽然我们能在移民方面做得更好,但这绝不可能一蹴而就,因为有些意想不到的障碍可能会推迟雇用外籍重要员工的进程。

雇用跨国人才也会带来其他风险。不同国家的文化各不相同,有时它们之间的差异远远超乎我们的想象,并发挥着重要的作用。虽然多元文化组织往往蕴含着更大的创造力和创新性,但也包含着沟通不畅的问题。跨国公司本土化是现代企业的重要表现形式,这种企业常常会雇用大量对当地情况较为了解的员工。我们将在最后一章对此展开详细讨论。

随着越来越多的公司进行跨国经营,如何确保整个公司的员工持有相同的价值观就成为一个必须面对的现实问题。在这个审查和监督日益加强的时代,人们对道德标准和伦理标准的差异都十分关注,更不用说知识产权这个难题了。

虽然对跨国人才的利用存在着潜在风险,但利远远大于弊。当你进入一个新的领域,开拓新的人才市场时,请谨记以下策略:

· 了解新市场招聘的复杂性

从全球人才流动和移民政策,到合同工的许可和管理,各国的规章制度各不相同。

· 咨询人力资源方面的专家

这些专家可以在企业的开设地点、人员招聘存在的风险和机会方面给你提供建议,并在企业开始运作后帮助你有效地整合企业的全体人员。

· 听取那些转变文化观念、价值观和政策的建议

确保企业的文化、价值观、政策在新市场中有存在的价值,从而促进多元劳动力之间的合作。

· 建立数字人才社区

这些在线社区既能展示你对当地劳动力市场的理解,又能为新市场中潜在的全职或自由职业者提供一个实时展现自我的机会。

· 考虑从总部派遣员工到新的市场短期任职

派遣员工到新的市场任职3至6个月,以确保总部与分公司之间的有效衔接。

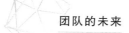

随着你进入新的人才市场,技术发挥的作用将会越来越明显。在下一章,我们将讨论自动化和智能机器在提高全球生产效率方面所发挥的作用。

行动计划

作为一名领导者,你应该与高管、行业思想领袖和团队成员一起开展头脑风暴活动。找出以下问题的答案,并随着时间的推移不断完善你的答案,以确保为2030年的职场做好充分的准备:

1. 你的多数员工属于哪个年龄段? 未来10年这一趋势将如何转变?

2. 你是如何训练"千禧一代"来接管你的企业的? 在提高"千禧一代"领导人的表现力方面,你采取了哪些措施?

3. 你将如何确保即将退休的"婴儿潮一代"发挥他们的"传帮带"作用? 你该如何满足"婴儿潮一代"想延长工作年限的愿望?

4. 你的企业存在哪些技术短板? 这些短板是在缩小还是在扩大? 你将如何改善这些技术短板?

5. 如果你是一家跨国公司的领导,你要如何做才能提高跨国劳动力的生产效率,并使其具有可持续性?

6. 如果你的公司没有进行跨国经营,你该如何利用全球人才库? 阻碍你利用跨国人才的因素有哪些?

本章总结

· 虽然"千禧一代"已经成为全球劳动力市场的主体,但"婴儿潮一代"也到了退休年龄。他们正在从事一些工时虽短但可以发挥余热的事情。

· 尽管工业化国家的生育率一直在下降,它们的人口在很大程度上依靠移民来支撑,但由于医疗技术的进步和生活水平的提高,发展中国家的人口正呈现爆炸式增长。

· 企业可以通过职业和地点来评估未来劳动力市场状况,来解决劳动力短缺和地域技能不匹配问题。重点雇用以前未开发的劳动力群体,包括新移民、延迟退休的老年工人、失业而不积极找工作的人或未充分就业的人。由于劳动力在职业和地区分布并不均衡,企业应采取灵活多变的招聘政策。

· 我们应调整心态,着力吸引人才,当然这还需要外部的、全球的、以技术为基础的人才战略来支持。

· 要获取全球人才,改善移民政策和简化办事手续是问题的关键,因为目前的移民政策和手续阻碍了人才的自由流动。

第 二 章

技术进步与产业新篇章

我曾经有幸参观了一家电动工具制造厂。这家制造厂像所有的工厂一样,车间里有很多机器在轰鸣。但它与其他工厂的不同之处在于车间里并没有太多的工人。我数了一下,在一个足球场大小的车间里共有6个人在工作。

　　我便问带我们参观的向导:"工人们都到哪儿去了?"她指了一下我们无法看到的控制室说:"其他人都在那儿,但那儿也只有几个人。"

　　在工业革命的鼎盛时期,这么大的工厂会有成千上万名工人。但21世纪的制造业与过去截然不同,工厂的生产线都是在物联网的控制下进行生产的。

　　未来5年,物联网将会把至少500亿台设备相互连接起来。物联网是指在无须持续的人为干预的情形下,任何一个有开关的物体可以直接与另一个有开关的物体联络。随着越来越多的装置在不同的网络环境下联网,物联网的覆盖范围也随之扩大。

在电动工具厂,各条生产线之间相互传递信息,告知对方什么时候需要提高或降低产量,或者通过实时位置传感器连接的零件或材料出现了问题。全球咨询公司麦肯锡认为,2025年物联网应用的潜在经济影响在3.9万亿到11.1万亿美元之间,而在物联网应用尤其是工厂的物联网应用方面的投资将达1.2万亿到3.7万亿美元。

德特勒夫·齐尔克(Detlef Zühlke)和多米尼克·高瑞奇(Dominic Gorecky)在世界经济论坛的一篇文章中写道:"未来所有的'工厂对象'将被整合到网络中,产品、现场设备和机器的分散式自组织将取代传统的控制层级。"尽管这家工厂取得了成功,齐尔克和高瑞奇预计,物联网并不能立即掌控制造业的所有方面。我们必须首先解决包括互操作性、通信混乱和难以确定投资回报率在内的一些迫切问题。

即使智能制造业确实有了立足之地,人类的作用也远未过时。齐尔克和高瑞奇期待人类及其组织解决最棘手的物联网问题。他们认为,无论技术供应商和用户在商界如何竞争,只有建立一个连接两者的中立平台才能实现物联网在制造业的最佳应用。企业需要共同努力,制定独立标准,并开发"用于开放生态系统的专有技术和商业模式"。

在我现在访问的工厂中,多供应商协作肯定在发挥作用,这让我想起了最近看到的另一种物联网的实施。我应客户施乐公司的要求飞往纽约,该公司当时正在史泰博商店推出一系列新的自助式多功能打印机。施乐和史泰博共同设想并创建了一个业务中心,这个中心可以让客户的手机和基于云的应用程序连接到每个商店的设备,包括企业里的打印机和信用卡读卡器,这样一来,忙碌的小企业主可以在无须和任何人交谈的情况下进出商店。

站在第五大道的商店里,我意识到我们与施乐公司还有很大的距离。他们只需把一台预先配置好的机器运到史泰博,并让商店员工给它插上电源。谁负责这次合作?你猜对了:两家公司的创新人才,他们都发现了客户的需求,并找到了利用技术解决这一需求的最佳方法。

可以肯定的是,如今在世界各地工厂工作的近200万台工业机器人意味着,我正在参观的这家电动工具厂的工人减少了。但那些留在工厂的人们从事着极其重要的工作。过去,工厂的工人们可能没有接受过任何正规的中等以上的教育,他们的工作可能是死记硬背如何放置螺丝钉等动作,但是现在他们拥有操作螺丝自动定位机器的独特技能。这些人知道机器的工作原理、机器的优点和局限性,以及机器出现故障或损坏时如何进行维修。

控制室人力主管的角色变得更具战略性。他们完全了解工厂的运营,并经常被要求做出直接影响利润的高层决策。当他们的智能生产线发出似乎有意义但自相矛盾且不符合企业最佳利益的请求时,他们经常需要利用判断力和直觉做出决定。例如,一位人力主管可能会推翻生产线做出的使用较少特定材料的决定,原因在于生产线的决定可能具有成本效益,但会带来安全隐患。

换句话说,对低技能劳动力的需求可能已经下降了,但对高技能劳动力的需求已经开始上升,并将继续上升。埃里克·布林约尔松(Erik Brynjolfsson)和安德鲁·麦卡菲(Andrew McAfee)在他们的著作《第二次机器革命》(*The Second Machine Age*)中详细描述了18世纪蒸汽机的发明。蒸汽机引发了工业革命,并让我们克服了肌肉力量的限制,从而随心所欲地产生大量有用的能量。这带来了工厂和批量生产、铁路和大宗运输以及现代生活的普及。布林约尔松和麦卡菲说:"现在是第二次机器革命。正如蒸汽机及后来的机器对肌肉力量的作用一样,计算机和其他数字技术的进步正在提高我们利用大脑理解和塑造环境的能力。"

我们将在本章详述这种转变的一些具体方面。首先讨论制造业中工业4.0的崛起,然后概述机器人、大数据和深度学习实施、情感计算以及通过技术实现的人体增强。

工业4.0的崛起

电动工具厂是工业4.0的一个实例。德国政府提出,工业4.0描述了制造业的下一个阶段,即后信息革命。波士顿咨询公司极好地描述了支撑工业4.0的九大技术进步支柱。我们必须了解所有这些支柱,从而在未来10至20年内进行有效竞争。在此我们将简要总结这些支柱。

· **工业物联网**

更多的设备将互联,并成为集中控制器。

· **网络安全**

保护关键工业系统和生产线免受威胁的需求将大幅提升。

· **云端**

工业4.0要求大量的来自跨网站和公司的数据共享。

· **增材制造**

增材制造描述了通过塑料、金属或者混凝土等材料一层又一层累加,来构建三维物体的技术。在工业4.0中,增材制造方法将生产具有复杂的轻量化设计等施工优势的小批量定制产品。

· **水平和垂直系统整合**

跨公司的通用数据整合网络将不断发展并实现价值链的自动化。

· **大数据和分析学**

收集和综合评价诸多不同来源的数据将支持实时决策。

· **自动机器人**

机器人将变得更加自动、灵活、便于合作。

- **模拟技术**

产品、材料和生产过程的三维模拟技术将以虚拟的模型反映物质世界。

- **增强现实**

操作员将在虚拟世界中通过点击网络来学习与机器交互。

当今的组织在完全接受工业 4.0 方面走了多远？这是一个价值百万美元的问题。全球咨询公司普华永道最近开始通过一个大型研究项目来回答这一问题。

2016 年，普华永道的研究人员莱因哈德·盖斯鲍尔（Reinhard Geissbauer）、杰斯珀·维舒（Jesper Vedsø）和斯特凡·施拉夫（Stefan Schrauf）在《战略与经营》（*Strategy Business*）上发文，概述了他们的研究方法。他们调查了 26 个国家的 2000 多家公司的工业生产部门，包括航空航天和国防、汽车、化学、电子、工程建筑、林业产品、造纸和包装、工业制造、金属以及运输和物流。

调查结果令人乐观。约 30% 的受访者表示，他们的公司已经达到了先进的整合和数字化水平，约 70% 的受访者预计他们的公司将在 2020 年达到这一水平。约 25% 的受访者预计，未来 5 年公司在成本节约和收入方面的改善幅度都将超过 20%。

研究人员评论说："成本节约主要源于效率提高和技术整合。工业 4.0 用一个单一的、企业之间可以互相操作的整体替代冗余的遗留

系统——这会便宜很多。"

约55%的受访者预计,新的数字功能以及新的产品和服务将在很大程度上使他们在两年内收回投资。研究人员说:"实时数据的可用性使公司能提供个性化产品,从而比大规模生产的产品产生更高的利润。"

这种对即时投资回报率的估计可能有点乐观。埃里克·布林约尔松和他的同事洛林·希特(Lorin Hitt)对600多家公司进行的统计分析显示,在进行投资的公司中,自动化和计算的全部生产力效益平均需要5到7年才能显现出来。不管怎样,我们必须尽快开始行动。专业人才及其组织如何才能从新的工业4.0的实施中获取最大利益?你可以从询问自己以下问题开始:

· **我们公司现在的数字化成熟度如何? 我们可以采取哪些优先措施来为我们的业务增加最大的价值?**

制造业方面的例子是:目前大多数生产线是体力劳动,其工作速度太慢,难以满足不断变化的客户需求,很难在合适的时间更改其流程并得到正确的数据。一条集订单管理和系统控制于一体的智能装配线将使运营速度更快且效率更高。

· **我们可以实施哪些范围有限的试点项目,以便在利用灵活设计的同时验证概念?**

制造业方面的例子是:我们将与合适的供应商合作设计一条智

能装配线,在这条装配线上,各项原材料在接近自动化工作站时,可以传达它们是什么以及它们希望被处理的方式。基于云计算软件的整条生产线将与订单管理和系统控制整合起来。我们的目标是从简单操作开始,并使设计随着时间的推移而不断复杂化。

· **我们需要什么能力来实现我们的目标?我们如何在合作伙伴和新团队成员的帮助下构建这些能力?**

制造业方面的例子是:我们目前没有设计和实施这种智能装配线的能力。我们需要和SAP公司这样精通工业4.0实施的供应商合作,然后培训我们的员工来运行这一系统。我们可能需要聘用具有特定智能装配线经验的永久性员工。

· **我们如何获得领导者的支持和承诺,以充分挖掘工业4.0的潜力?**

制造业方面的例子是:与传统方法相比,我们需要确切地展示使用智能装配线所节省的时间和资源,并帮助我们的首席执行官设计出一种能够激发热情和参与的沟通方式。

大数据变得更大

IBM营销云的一份报告表明,当今世界90%的数据是在过去的两年里创建的。要说我们的数据整理量很大,有点儿轻描淡写了,然而大数据是我们目前必须要解决的问题。

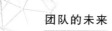
　　我们都听说过大数据,但这个术语到底是什么意思呢?大数据通常是指对强大的新技术生成的海量数据进行捕捉和分析。这些分析为我们提供了关键的商业洞察力,以使我们更好地确定模式,预测未来的结果,并做出更负责任的决策。

　　因为公司需要更好地了解员工的招聘、绩效和流动,所以许多组织的大数据使用始于人力资源领域。但是,现在的领导者在商业运营的每个环节都呼吁运用大数据,并寻求将分析学嵌入我们所做的每件事情中的新方法。未来10年,职场大数据的主流应用将包括以下例子:

　　· 研究像领英这样的社会就业网站,从而找出市场上最有前途的被动求职者。

　　· 避免使用有问题的招聘语言,以减少招聘过程中的无意识偏见。

　　· 捕捉视频中的某些特征,来预测员工成功的可能性。

　　· 依据从可穿戴装备中收集到的个人生产力数据来分配任务。

　　· 根据现有的任务分配模式优化员工的日程安排。

　　· 根据个人学习偏好改进培训方法。

　　· 预测易被欺诈的特定客户群体。

　　· 了解客户的购买习惯,以应对之前不可预测的外部条件(如自然灾害)。

· 利用过去的客户行为记录，来标记并解决不断增加的服务问题。

· 通过负面的网上聊天信息辨别待处理的声誉危机。

· 将不同来源的交易和账户审查结合起来，以全面了解公司的财务状况。

· 校准组织范围内的操作，以最有效地利用自动化。

目前我们大多数人几乎都没有发现大数据潜在的作用。德勤发布的题为《全球人力资本趋势》（Global Human Capital Trends）的报告认为下面这些行动将帮助领导者意识到其前景。

· **决定谁将拥有分析职责**

越来越多的人一致认为，最好的分析程序属于一个专门的多学科团队，这个团队包括组织领导者和所有职能部门代表。也许这种职责最终可能会被分散，但就目前而言，集中将会产生更强的效果。

· **创建分析方法**

鼓励整合并使用内部和外部的结构化及非结构化数据。分析团队必须将信息转化为洞察力和解决方案，以提供价值。虽然你必须拥有适当的技术来实现这一点，但也不要低估人工数据分析师的重要性。如果没有人工数据分析师的判断力和直觉，那么世界上所有的数据就都没有价值。

· **发展多年投资和教育路线图**

需要与主要的利益相关者沟通的一点是：投资旨在为公司（不仅仅是技术团队）建立新的业务功能，并且它会花费很长时间。由于设定期望值很重要，所以你可以告诉你的受众，明年将在一个部门开展试点项目。然后，如果试点成功，将会在第二年扩展到其他部门。

· **在实施和使用方面培训人力资源和业务伙伴**

在教育、标准工具的实施以及报告和仪表板标准化方面，识别出有帮助的课程或其他合作伙伴。

· **清理并保护你的数据**

公司必须考虑所有层面的数据质量，制定隐私和匿名政策，并认真保护员工数据，使其免遭窃取和滥用。许多公司现在拥有治理团队，确保所有与人员相关的数据在公司重组、收购和实施新系统时能够协调。

> **聚　焦**
>
> ### 韦格曼斯食品超市如何使用分析来选择员工福利
>
> 谷歌网站分享了韦格曼斯食品超市在迅速扩大规模时，如何应对医疗成本不断上涨的挑战。韦格曼斯食品超市没有随意改变员工的福利待遇以降低成本，而是希望了解员工如何评价这些福利，以提高员工的满意度。

韦格曼斯食品超市通过有助于确定人们如何评价不同属性的联合分析发现,健康福利是员工是否加入并留在组织的决定性因素。分析表明,由于员工对医疗福利高度重视,因此为目前没有资格享受医疗保险的员工提供基本医疗保险的做法会为职位带来显著增值。

分析结果表明,如果为目前没有资格享受医疗保险的员工每人投资107美元,那么韦格曼斯将花费150万美元,但对员工而言,这相当于3250万美元的保险额。因此,韦格曼斯可以在不降低员工满意度的情况下控制成本。

机器人是全新的人

我7岁的女儿喜欢把她的毛绒玩具当成她的孩子。她和毛绒玩具进行长时间的交谈,并认为每个玩具都有自己的个性。绵羊轻率又喜欢打扮,而狐狸喜欢做竞争性游戏的和事佬。我女儿丝毫不知道,在未来几年里她将拥有一个能与她交谈的、属于她个人的机器人。

机器人是一种利用人工智能和机器学习来执行命令或完成日常工作的装置或软件。机器学习是人工智能的一种应用,它为系统提

供了不用清晰地进行编程就能自动学习并从经验中提升自我的能力。

在21世纪20年代的职场,个人机器人将集有价值的助手和同事于一体。你的个人机器人将能够完成很多事情,从安排会议和预订航班,到为你的报告收集数据,以及为你在网络上联系你好久没有交谈的人。

谷歌目前正在努力创造一种主人机器人,它将是我们目前见到的所有个人机器人之母。主人机器人将是你数字化存在的中心枢纽,它把你所有的信息和数据保存在一个地方,并在需要时从其他机器人那里获得服务。例如,假设公司毫不客气地把你解雇了,而你认为这种行为违反了你签署的雇佣合同,那么,告诉你的主人机器人,它就可以更仔细地检查文件的细节,并在适当的时候联系你的就业事务律师事务所的机器人,以提供下一步建议。

到2030年,你的主人机器人能够使你保持警惕。如果你发给同事的信息言语过激,那么它将给出建议。当它获知你在某个城市出差,会自动给你发送你最喜欢的寿司店的地址。

甚至在进入主人机器人阶段之前,使用为特定目的创造的机器人也会有立竿见影的好处。首先,大多数机器人不需要任何新工具。相反,它们可以使用现有的通信平台,这样员工就不必再学习另一个界面。而且,与机器人的双向对话可以使最无聊的任务变得不那么难以忍受。以出差旅行费用为例:制定编写和提交的最佳方法以获得最大回报的策略，比使用标准费用报告软件进行单调乏味的单向输入更有趣。

如果你是一个不得不唠叨别人去完成行政工作的主管，那么以后你将不再为此事头痛。你的机器人可以替你催促别人。如果被催促的人怨恨机器人，那就随他去吧。由于机器人将继续愉快地同被催促的人交流，直至其完成工作，所以不会出现负面情绪升级的情况。同样，你是否遇到过从不回复你的电子邮件和电话的老板或客户？即时消息框架中的聊天机器人可以加快反馈和决策速度。

机器人还会增加你的团队收到关键消息的可能性。假设你的首席执行官刚刚宣布了一些新的公司消息，这些消息必须被实时列入你的团队正在整合的一系列文档中。你可能没时间等每周的例会，你发送的电子邮件人们可能不会阅读，然而，机器人可以确保消息出现在每个团队成员的设备的最醒目位置。

尤其是在客户服务领域，机器人的可扩展性也远远超过人类。人类客服代表一次只能与一个人通话或聊天，但是机器人可以在同一时间内与数百人（甚至数千人）互动，这将大大缩短响应时间，并加快解决问题的速度。

当然，机器人不可能在各方面令所有人满意。例如，如果你与人类客户发生冲突，那么最好由你本人坐下来解决问题。在客服方面，你有多少次对着电话大喊："你不明白我在说什么！我只想和人类交谈！"机器人在变得像精通业务的客服代表一样体贴入微、善解人意

并足智多谋之前，不可能成为普遍适用的解决方案。

机器能走多远？

深度学习是在本章前半部分波士顿咨询公司提到的自主机器人发展的重要一步，同时也是机器进一步模仿人类大脑行为的能力。2011 年，斯坦福大学教授吴恩达（Andrew Ng）在公司硅谷总部的谷歌 X 实验室启动了一个名为"谷歌大脑"的项目，从而开始了对这个领域的探索。

谷歌大脑由 16000 台在互联网上寻找重复出现的模式来模拟人脑活动的各个方面的计算机组成。在 3 天的时间内，它成功地训练自己从 YouTube 视频生成的 1000 万张数字图像中识别出一只猫。

谷歌大脑是根据人脑密集互联的神经元设计的，是人工神经网络的一个实例。大约 100 万个模拟神经元和 10 亿个模拟连接使原始的谷歌大脑比之前任何深度的神经网络都要大 10 倍以上。吴恩达在过去的几年已经建立了比原始谷歌大脑大 10 倍的网络。

许多人认为，谷歌大脑及后来的神经网络代表了人工智能——深度学习的新前沿。深度学习训练计算机识别数据中的模式，然后像人脑一样对数据进行即时分类。目前，脸书的标记功能和苹果手机的智能语音助手等应用程序使用了图像和语音识别形式的深度学习。人工智能专家已经开始研究能使机器轻松破译各种人类口语和书面语言的计算语言学应用程序。

　　机器在自然语言处理领域优势巨大。例如，虽然法裔加拿大人可以更准确地将一份英语商业文件翻译成法语，但他/她可能无法将该文件翻译成阿拉伯语、斯瓦希里语或瑞典语等语言。然而，谷歌翻译却可以将其翻译成上述语言以及其他更多语言。

　　深度学习的成熟以及机器执行更复杂算法的能力将成为一个强大的组合。我们将在21世纪20年代看到深度学习机器具有以下操作功能：

- 定义一个项目的范围；
- 与其他业务领域保持一致；
- 分析风险；
- 制定项目进度、时间表和预算；
- 将任务分配给适当的资源；
- 执行软件和其他技术组件；
- 评估业务成果。

　　你几乎不会对这样的书感到惊讶，但是算法商店（Algorithmia）的首席执行官迭戈·奥本海默（Diego Oppenheimer）认为，那些使用"人在回路"计算范式的系统是最精确的机器学习系统。在这种范式下，人类可以提供指导，并纠正错误。奥本海默说："虽然我们已经看到

了纯机器驱动系统在质量和精确度方面的巨大进步,但它们往往达不到可接受的准确率。另外,通过人工校正增强的机器驱动分类的组合,提供了一个可接受的准确性的明确路径。"

人工输入通常有两种形式。第一种是人类对原始数据集进行标记,并将其输入机器的学习模型。第二种是人类对模型生成的不准确预测进行纠正。例如,算法商店团队与人工智能专家合作,建立了一个"人在回路"的深度学习工作流,以更好地训练时尚平台"猜你喜欢"的推荐引擎。算法商店将人类引入这个过程中,请求相关人群的帮助,以纠正该引擎人工智能生成预测的不准确性。人类进入回路,大大提高了引擎的准确度,并转化为 Tizkka 移动应用程序的更高参与度。

布林约尔松和麦卡菲可能会同意"人在回路"模型。他们在《第二次机器革命》中写道:"原则上,机器和人类有着截然不同的优点和缺点,机器更有可能作为人类的补充,而非替代人类。有效的生产需要机器和人力的投入,而人力投入的价值将随着机器力量的增加而增长。"

将机器与人脸和情感融为一体

外表像20世纪70年代的计算机(即小房间大小的盒子)的工业机器人、聊天机器人和深度学习算法都很不错。但带有人脸的真实机器人来到我们的办公室时会发生什么？一些公司已经出现了这种情况。仲量联行总经理彼得·米斯科维奇（Peter Miscovich）在为世界经济论坛撰写的文章中谈到了公司驻悉尼的机器人接待员吉尔。吉尔看起来像人，它能帮助送货、识别并问候员工以及联系访客要找的人。这种类型的自动化可能是所有机器人中最可怕的，因为它是取代人类的真实体现。

但是目前你还没有到处看到类人机器人是有原因的。著名机器人专家汉斯·莫拉维克（Hans Moravec）在后来众所周知的莫拉维克悖论中说道："让计算机在智力测试中展现出成人水平的表现相对容易，让其在感知和移动方面具备一岁孩子的技能却很难。"

这些认知和移动方面的挑战不应当低估。布林约尔松和麦卡菲在《第二次机器革命》中探讨了麻省理工学院科学家德隆·阿西莫格鲁（Daron Acemoglu）和大卫·奥托尔（David Autor）最初提出的工作模型。该模型表明，所有工作都可以被划分为一个2×2的矩阵：认知与体力；常规与非常规。到目前为止，计算和自动化的进步已经导致对涉及日常任务的认知工作和体力工作的需求急剧下降。这导致工作两极分化：中等收入工作的需求下降，而需要类似人类感知和移动的非常规认知工作（如火箭科学）和非常规体力工作（如房屋清洁）的需求却相对有所增加。

近年来我们在克服莫拉维克悖论方面取得了一些进展。布林约尔松和麦卡菲描述了由再思考机器人公司（主人机器人的制造商）创

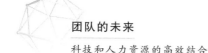

造的巴克斯特机器人。巴克斯特在外观上是类人的,它与传统工业
机器人的不同之处在于它可以完成大量的体力工作,而且低级别工
人而非高技能工程师就可以很轻松地教会它完成新的工作。

对机器人工程师而言,另一个被证明具有挑战性的领域是情感。
毕竟,如果机器人要承担与人类有效互动的责任,要是它们真的与人
类相似,那就更好了。这种困境推动了情感计算学科的发展。理查
德·扬克在《机器之心》一书中指出,情感计算包括计算机和社交机器
人对人类情感的识别、解释、复制以及潜在的操纵。

正如未来学家伊恩·皮尔森(Ian Pearson)对扬克所说:"人工智能
需要有同理心才能与人类很好地合作。机器需要对周围的世界做出
自己的情感反应。我更愿意乘坐一架与乘客一样担心气流的带有自
动驾驶仪的飞机,我更愿意去一位关心我生死的人工智能医生那里
看病。"

目前市场上有几种情感计算的应用程序。总部位于特拉维夫的
以色列语音识别公司Beyond Verbal是一家情感分析公司,它可以提
取和识别人类声音语调中传达的感情。这意味着利用这项技术的机
器人可以在你与它互动的瞬间判断你的情绪和心境。总部位于伦敦
和纽约的Emoshape公司生产了一种机器人情绪处理单元,可使用户
产生机器人正在经历情绪的印象。汉森机器人公司正在设计对话型
机器人,这些机器人的面孔极具表现力且栩栩如生,其基础是使用了
60多块主要肌肉的低功率执行器和电机,以模拟人类的面部和颈部。

然后使用了名为硅橡胶弹性物质（或皮肤橡胶）的皮肤状材料进行覆盖。

不难看出，情感人工智能将成为我们工作和生活中不可或缺的一部分。扬克举了一个逾期未加薪的员工的例子。相较于与另一个人坐下来为自己辩护，员工可能更愿意与一个可以立即访问他的业绩数据并能够读取他的自信、不确定性、尴尬和沮丧程度的薪资谈判机器人对话。还记得我的女儿把毛绒玩具看作她的孩子的事情吗？我想象着可以像依恋我最喜欢的同事一样依恋情感智能私人助理。绝非只有我有此想法。扬克分享了华盛顿大学的一项研究。该研究中的博士生朱莉·卡朋特（Julie Carpenter）发现，经常与机器人互动的人会习惯性地将机器人拟人化，而且当机器受损时，他们会表现出真正的愤怒和悲伤。

机器人究竟能变得有多复杂？这个过程需要多长时间？关于这些问题的答案我们可以咨询英特尔的联合创始人戈登·摩尔（Gordon Moore）。1965年，摩尔注意到，集成电路每平方英寸的晶体管数量每年都翻一番。他预测，如果这一翻倍的趋势继续下去，那么到1975年计算机电路的功能将是1965年的500倍。

计算机科学家、未来学家以及《华尔街日报》称颂的"永不满足的天才"雷·库兹韦尔（Ray Kurtzweil）在摩尔定律中描述了"加速回报定律"。按照这一定律，技术的发展处于正反馈循环中，技术进步随时间的推移而加速，并导致指数级增长。

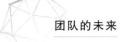
　　摩尔定律持续数十年的事实证明，技术进步正在以惊人的速度持续发展。即使是摩尔定律或加速回报定律的适度应用，也意味着我们将在有生之年看到我们目前无法想象的机器智能。作家和数学家弗诺·文奇（Vernor Vinge）称之为"技术奇点"。他相信，很快就会出现一个与物理学中的奇点相似的情况，即情形的发展超出人类的理解（即机器超级智能的发展），以至于人们无法预测未来世界会是什么样子。

　　但是这样的超级智能机器人真的会有意识吗？我们这样说是什么意思？显然，意识对不同的人意味着不同的东西，但在纽约大学教授内德·布洛克（Ned Block）最初提出的模型中意识被分为两类：一类是取用意识，即获取我们内心世界信息的能力；另一类是现象意识，即处理离散和主观体验的能力。

　　因为系统可以识别和报告自身内部功能的状态，所以人工智能已经实现了以基本形式访问智能。机器的意识可能确实会在不远的将来的某个时刻出现，但它很可能沿着一个光谱存在，并且与人类的存在方式截然不同。

　　如果机器能产生某种形式的意识，它们就能更好地取代人类工作者吗？历史告诉我们，当技术进步导致一种工作类型或技能类别消失时，人类会通过开发全新的工作和技能进行恢复。例如，早在英国女王伊丽莎白一世统治时期，女王因担心"年轻的少女们会被饿死"，拒绝给威廉·李（William Lee）的自动针织机授予专利。但先进的织布技术最终胜出，而且令人惊讶的是它为新织布厂工作的工人创造了近4倍的就业岗位。

然而，由于这一过程需要时间，而且我们可能无法跟上技术变革的快速步伐，至少在不久的将来，工作场所的失业率可能会出现一定程度的上升。

布林约尔松和麦卡菲则持乐观态度。他们说："只要世界上有未满足的需求，失业就是一个表明我们根本没有认真考虑需要做什么的响亮警告。在利用工作自动化为人们腾出的时间和精力来解决面临的问题方面，我们还缺乏创造力。"创造力和创新性解决问题的能力确实是展示人类持续价值的关键特质。我们将在下一章详细讨论它们。

聚 焦

区块链

如果你不身处金融界，那么你可能还不熟悉区块链。但这项技术的应用正在不断增长，对区块链的理解和使用将在2030年成为几乎所有职业的常规，并将极大地影响我们的工作方式。

区块链是一种可以创建交易的数字分类账，并在分布式计算机网络之间实现共享的数据结构。在无须集中收费的权限情况下,密码技术的使用使网络的每个参与者以一种安全的方式操纵分类账。比特币是2008年第一个使用该平台创建的应用程序。比特币的主要前提是在没有第三方金融机构的情况下在任意两个人或组织之间进行数字支付。每笔交易都记录在区块链分类账上,而且每一个新的区块都通过数字签名与之前的区块绑定。一旦在分类账上记录了一个数据块就很难更改或删除,网络成员必须首先确保数据块是有效的,然后才能让别人在链中添加此数据块。

一些关键组件支撑着区块链技术。首先是可以根据设置区块链的组织进行变化的网络,它可能包括公共域(就像比特币)的每一个人,或者一组已知参与者的广泛群体。每个网络中的计算机被称为节点。

其次是用于验证每笔交易的一套规则或共识机制。例如,比特币区块链中的共识机制被称为工作量证明。网络参与者运行算法确认附加到块上的数字签名,以便新的交易生效。一旦获得批准,交易就被打包到一个区块中,然后被重新分配给所有负责确保记录匹配的节点。

在为《华尔街日报》旗下的《首席信息官杂志》的博客撰写文章时,作家史蒂文·诺顿(Steven Norton)咨询了向爱立信等公司销售基于区块链的产品和服务的爱沙尼亚安全软件公司 Guardtime。

Guardtime 提供了一个复杂的区块链示例："假设一个组织每秒有 10 笔交易，每笔交易都有自己的数字签名。树状结构把这些签名组合起来，并给出一个单一数字化指纹——这是一个特定时间内那些交易的独特展现。"

在验证之后，区块链基本上会存储新的交易，并允许参与者查看指纹。区块链还向所有组织发送一份副本，以便它们随时了解交易的完整性。一旦交易改变了，区块链会创建一个新指纹，这个指纹也必须由每个参与者按照网络先前商定的规则进行验证。

考虑到参与任何既定业务流程的合作伙伴（内部、外部或两者都有）的数量，在没有人工干预的情况下，一个有多个电子方可以安全通信、协作和交易的系统是非常敏捷和高效的。

尽管区块链技术有明显的好处，但到目前为止它在企业中的发展速度很慢。一个主要原因是普遍缺乏标准。例如，组织应该使用开放网络还是许可（私有）网络？谁应该监管这项技术，以确保区块链能够有效地自我调节？会出现哪些威胁区块链完整性的网络安全问题？

　　还有互操作性的问题。应该使用什么软件,以及我们如何让一个由多数拥有复杂信息技术解决方案的庞大的参与者组成的网络同意使用相同的技术？区块链尚处于起步阶段,这些都是各个组织在尝试不同的实施方法时需要回答的问题。

　　例如,《卫报》报道说,日本互联网巨头 GMO 网络公司已经开始用比特币支付部分员工工资,以便更好地了解这种虚拟货币。大约 4000 名员工参与了这个帮助公司树立前沿、灵活和面向未来的声誉的活动。作为协助保持网络安全的奖励,这种内部使用比特币的方式可能有助于 GMO 获得新比特币权利的"比特币挖矿"业务。

半机械人:当机器不再是他者时

　　回想一下电视剧《太空堡垒卡拉狄加》(*Battlestar Galactica*)中的赛昂人。在 21 世纪初的"重新构想"系列中,赛昂人是具有生物元素的联网机器,这些元素使它们几乎无法与人类区分开来。赛昂人可能被称为半机械人(生控体系统的简称),它们是一种兼具有机体身体部位和生物机电身体部位的生物,或者是由于某个人工组件或技术的集成而具有恢复功能或增强能力的生物。

即使在现实生活中,这也不是一个全新的想法。例如,任何植入人工耳蜗或安装假肢的人都是某种类型的半机械人,或许不久后我们就能在大脑中植入芯片,以使我们在工作中表现得更好。如果这听起来有些牵强,想一想美国国防高级研究计划局为减轻战争对士兵和退伍军人的心理影响而开展的工作吧。2014年,一个名为"基于系统的新兴疗法神经技术"的项目启动了,其目的是开发一种可以植入士兵大脑的芯片。该芯片是一种可以记录大脑活动、提供有针对性的刺激并随着大脑本身的变化自动调整疗法的治疗设备。

当我们朝着2030年迈进时,人与机器结合的理由将从修复转为增强。随着复杂程度的提高,我们可能无法分辨人类的终点和机器的起点。换句话说,我们将是"混血儿"。的确,不久后的一天,我们职业生涯中的机器将不再是他者——它们将是我们,我们也将是它们。随着这种转变,理解我们作为人类所带来的独特价值将至关重要。接下来我们将讨论人类在智能机器发展中不断演变的角色,我们将确定短期内不会被机器人取代的技能和特征,我们将为领导者制定策略,以促进员工的发展,并磨炼这些能力。

行动计划

今天回答这些问题,是为2030年的工作场所做准备:

1. 现在或不久的将来,你能实现哪些功能自动化? 如果你的员工不再需要完成这些工作,他们能承担什么更具战略性的角色? 例如,他们能否承担教导人工智能系统完成工作的训练师的角色?

2. 机器参与如何促进你的组织实现工作目的?

3. 如何使用机器智能和分析学来驱动人类的绩效和整体业务增长?

4. 鉴于目前你拥有的人才和可用的人工智能技术的组合,请描述你的组织中的一个可利用两者优势的人/机器团队。

5. 集体讨论一个你的组织中由深度学习应用程序创建的新的人类工作(例如神经网络工程师)的例子。

6. 计算能力的提高使我们可以比以前更快地推出产品和服务。你将如何相应调整新产品和服务的推出流程? 例如,你能否开发一个包括在快速周期内调查客户需求、相应地开发和原型化新产品与服务,以及适应需求变化的精益业务模型?

本章总结

· 大多数实施自动化和其他形式的数字化转型的组织都希望在投资后的2到7年内实现全部生产效益。

· 因为公司需要更好地了解员工招聘、绩效和流动,所以许多组织的大数据始于人力资源领域。不过,当前领导们正呼吁在业务运营的每一个环节都实现大数据,并寻求新方法,以将分析学融入我们所做的每件事中。

· 机器人是利用人工智能和机器学习来执行命令或完成常规工作的设备或软件。在21世纪20年代的职场,个人机器人将集有价值的助手和同事于一体。

· 深度学习的成熟以及机器执行更复杂算法的能力将形成一个强大的组合。到21世纪20年代,我们将看到深度学习机器承担起包括限定项目的范围和分析风险在内的操作功能。

· 情感计算包括计算机和社交机器人对人类情感的识别、解释、复制以及潜在的操纵。当我们朝着2030年迈进时,人与机器结合的理由将从修复转为增强。

第 三 章

人类是珍贵的商品

我的朋友埃丽卡是一名从业将近20年的家庭律师。电子取证技术使她工作变得异常高效。现在的软件可以使她把当初在法学院阅读一份文件花费的时间用于扫描和整理数百万份与案件相关的文件。

　　但是更好的地方在于该技术在对相关文件进行分析后，能指出案件的异常现象和奇怪的沟通方式，还能够让她知道其案件体现的辩护策略是否有先例可循，她的哪位律师同行最有可能提出调解方法，以及某个法官在何种情况下可能裁决的方式。

　　埃丽卡告诉我："真的，我不知道自己在这之前是如何处理案件的。"

　　"你难道不担心这款软件是一个比你更加优秀的律师?"

　　埃丽卡承认："这款软件夺走了一些工作岗位。我们无需雇佣像以前那么多的律师助理或法务助理。但作为一名诉讼律师，我的工作岗位在可预见的未来是安全的。"

埃丽卡解释道,她最重要的工作是要站在其他人面前——去遭受创伤的当事人家里拜访,告知相关家庭成员案件的进展,在事情进展不顺利时寻求同事的持续帮助,在陪审团面前激烈辩论。

她问我:"我能感觉到法庭内很难察觉到的气氛变化的确切时刻,并能够迅速改变策略。可是机器怎么能做到这一点呢?"我赞同她的观点。

埃丽卡每天都在利用人的领导力、团队合作、人际关系敏感度、创造力和创新性、判断力以及凭直觉解决问题等独特的技能,来证明自己作为人的价值。这些技能是当事人将永远不会选择家庭法律机器人的原因。他们不会选择机器人,而是会支付更多的钱让埃丽卡担任他们的律师。

我们在第二章讨论了"人在回路",即利用人和机器优势的业务流程。埃丽卡的例子表明,法律行业在很多方面都实现了这一理念的美好前景。在本章我们将详细介绍人的职业在未来15年的变化,确保你的人类团队可以与机器搭档拥有同样出色的能力,以及作为领导者的你如何鼓励新的更灵活的学习形式。

对专业人士的需求增加

我们在第二章简要讨论了人工智能和自动化的崛起将如何改变

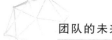

社会对专业人士的需求。事实上,人类"职业"的本质每天都在变化。丹尼尔·萨斯坎德(Daniel Susskind)和理查德·萨斯坎德(Richard Susskind)这对父子在他们合著的《职业的未来》(*The Future of the Professions*)一书中描述了传统的人类职业者与社会之间"讨价还价"。

正如萨斯坎德父子所说,我们以技术为基础的社会已经发明了比传统方法更经济、更容易获得而且可能更有助于提高质量的新方法。这些新方法都不会完全排除人类工作。

到目前为止,许多职业都存在于各种各样的"黑匣子"中,其中对非专业人员透明的唯一一个方面是投入(接收方的情况)和产出(专业人员的指导)。因为许多专业化的工作正在被分解成不同的组成部分,所以这种神秘化的形式已不再可能。其中一些组成部分可以实现自动化,而其他部分可以由那些没有接受过与当今专业人员相同的全方位培训的辅助专业人员来完成,但是我们从来不会相信这些人能够达到可接受的标准。

萨斯坎德父子提出,在一个客户将为产出而非投入付费、为交付的价值而非消耗的产出付费的环境中,许多专业化工作将从工艺转向标准化,并最终转向系统化。人工流程分析师可能会负责分解专业化工作、评估和构建任务分配,并确定完成每个组成部分的最有效方式。

经济学家保罗·克鲁格曼(Paul Krugman)讨论了热狗生产,以阐明以技术为基础的经济中的劳动分工。"引进一台更高效的机器来生产热狗，意味着生产每一个热狗的成本下降。如果公司因此降低价格，那么需求将会增加，热狗的生产数量也需要增加。总的来说，需要做更多的工作，那些已经实现了工作自动化的人可以加入那些无法实现工作自动化的人的队伍中去。"当引进新机器而且经济产出增加时，除了现有任务之外，还需要完成一系列新的任务。有一些特定的任务可以由人类更加高效地完成，而其他任务可以由机器更加高效地完成。稍后我们将详细讨论这种人才的配置。

谈论职业时，我们通常会想到医学、教育、金融和法律等领域。萨斯坎德父子分享了许多关于这些职业如何朝着人机协作和全面系统化方向发展的例子。例如，一半的美国医生使用一种可以自动查出不同药物之间相互作用的数字药物参考资源——应用程序Epocrates；"分享我的课程"（ShareMyLesson）是一个让教育工作者们彼此分享他们的经历和见解的在线平台；建筑领域的三维模型库SketchUp包含了数百万种可以借用或重复使用的设计；英国德勤250名税务专家的集体专业知识被输入一个系统，以帮助主要客户准备和提交纳税申报表；在埃丽卡所处的法律领域，一个智能系统通过将一个案件的事实与包含数十万个以往案件的数据库进行比较，来预测法院的判决。

埃森哲的高管詹姆斯·威尔逊（James Wilson）、保罗·多尔蒂（Paul Daugherty）和妮古拉·莫里尼-比安齐诺（Nicole Morini-

Bianzino）在麻省理工学院《斯隆管理评论》杂志上描述了一项对1000家使用或测试人工智能和机器学习系统的大公司的研究。通过对其活动的分析，研究人员概括出了有助于人工智能在商业领域应用的三种人类职业：培训师、解释员和维持员。

培训师是指导人工智能系统运行的人类工作者。他们帮助自然语言处理器和语言翻译程序减少错误，并指导人工智能算法模仿人类行为。当出现不恰当的反应时，人类培训师也可以帮助人工智能系统纠正错误。

解释员填补了技术专家（及其系统）和公司领导者之间的鸿沟。研究人员表示："许多高管对复杂机器学习算法的黑匣子性能感到不安，尤其是当他们所使用的系统推荐的做法与传统智慧相悖时。"解释员将需要以一种非技术性的方式来交流他们的工作方式，以便各个组织能够信任他们的成果。

最后，由于机器缺乏道德标准，在面对可能威胁到它们的结果时，维持员对维护公司的价值观至关重要。例如，威尔逊等人提出，如果一个用于信贷审批的人工智能系统由于有利可图而歧视某些行业的人时，维持员可能会进行干预。

萨斯坎德父子强调了维持员的价值，并评论说，很难理解一切责任都由机器人承担这一想法，诸如是否关掉生命维持系统或离婚诉讼中放弃监护权这样的重要道德决策。"我们倾向于让另一个人对影响我们的决策和建议进行反思，或许他还会感到痛苦。"

　　既然我们已经思考了职业不断变化的本质,让我们看一下在人机协作主导的商业环境中必不可少的独特人类技能。

人类的能力:领导力和团队合作

　　人们通常把领导力定义为激励一群人朝着共同目标行动的艺术。我让几位同事用一个词描述他们所知道的最好的领导者,我听到的字眼是"鼓舞人心""有说服力""社交智慧"和"自信"。

　　机器可以学到很多关于我们公司和行业的知识。不久的将来,机器可能会比最资深和经验最丰富的人类领导者拥有更多的知识。但机器会理解激励的艺术吗? 他们会激励或说服别人做到最好吗?

　　我刚刚与一家财富 500 强软件公司的部门主管莱斯莉交谈过。她所在的公司已经和另一家公司合并了,她的几个员工将被调到全新的岗位,以避免裁员。莱斯莉为此十分担心。她告诉我说:"我的员工不会为此感到高兴的,但是没有办法。他们都是优秀的员工,公司也不想失去他们。"

　　幸运的是,莱斯莉有一个秘密武器。她对刚刚提及的每个员工都非常了解。她了解他们独特的与职业相关的工作动力,以及过去他们对充满压力的变化的反应方式。她计划用最适合于每个人的方式来定制她的"突发新闻"谈话。她将态度诚挚地鼓励和赞扬那些同事,并希望现有的关系能帮他们面对这一挫折。

尽管这些员工被迫接受自己没有预料到的新角色,但最终莱斯莉留住了他们中的四分之三。"这不是理想的结果,我对此负责。我告诉他们每个人,如果事情不顺利时,可以来找我。我告诉他们,我们会一起找到更好的解决办法。"

　　很难想象,一个机器人领导者会在这样的情况下和莱斯莉一样成功。即使机器变得超级智能,它们也不会很快掌握人类的说服能力。很难相信,机器人领导者能够识别出确切的话语组合,来激励员工接受一份同等薪水但他或她不喜欢的工作。而且,人类员工可能对机器人领导者的可信度和责任感有所怀疑。

　　当然,也无法保证人类领导者会拥有莱斯莉的技能。这就是确保越来越多的主管接受适当培训的重要原因之一,这也是确保公司最高层授权和支持这种培训的重要原因之一。那些从不学习如何激励、授权和使团队成员愿意跟随自己的糟糕领导者将很容易被机器人取代。当然,这个需要有意识地关注培训的学习部分将在接下来的章节中反复出现。

　　尽管超级智能机器将在2030年成为我们员工队伍的成员,但是它们无法有效取代指导人类员工团队的人类领导者。因为在许多商业环境中,这就是魔法发生的地方。

　　正如杰奥夫·科尔文(Geoff Colvin)在《被低估的人类》(*Humans Are Underrated*)一书中所言,几乎所有特定问题都需要更多人的贡献才能找到最佳解决方案。随着团队越来越多地完成比个人所做的质量更高的工作,个人就更加不可能与团队匹敌,因此,他们更有可能成为团队的一分子。其结果是团队合作对组织的成功更为关键,而团队合作的能力对个人的成功更为关键。

毫无疑问,机器将能够提供一些不同的贡献和视角,但它们不能为公司提供与人类团队成员相同的所有益处。科尔文指出,人们在进行团队合作时,大脑会释放阿片类物质。这些阿片类物质激发我们以不一定符合我们的最佳利益但怀有"团队齐心合力"的目的行事,而机器不会这样做。

然而,并非所有人类的团队都是一样的。科尔文在《被低估的人类》一书中分享了麻省理工学院人类动力学实验室亚历克斯·彭特兰(Alex Pentland)的研究成果。彭特兰花费了数年时间研究了一些极为成功的团队,并发现团队的表现取决于成员的社交智商,或者换句话说,取决于团队成员是否善于从所有参与者那里收集想法,并对每个新想法做出反应。必须有一个懂得如何识别、培训、指导和奖励有社交天赋的员工的领导者,来促使人类的团队发挥最大作用。

即使他们的日常安排是虚拟的,领导者也必须为人类团队提供充足的面对面交流的机会。彭特兰对一家客户服务组织进行了一项实验。在实验中,20人团队的所有成员同时喝咖啡休息。他发现这些员工之间的互动越多,他们的个人工作效率就越高。

人类的能力：创造力和创新性

智能软件可以把你的照片以一种美观的设计组合在一起，可以重现类似高更或雷诺阿的画作，甚至可以写出类似于你上周在《纽约时报杂志》上读到的有人情味的文章。但是，截至目前，它确实还无法凭空创作出触及人类灵魂的作品。

相反，在可预见的未来，在进行创造性活动之前，机器将依赖人类为它们提供规则和指导。因为机器不知道差异，所以机器还需要人类识别出人工智能算法完成的工作是好是坏，或者是否理解了意图。

即使机器在创造艺术品方面做得不错，但机器创造的产品可能不会对一些人类的买家产生同样的冲击。网络商店 Etsy 或英国的同类网站 Notonthehighstreet.com 的成功都很好地证明了大量的人愿意为手工制品而非批量生产的产品支付更多费用。

已经成为企业成功重要标志的创造性解决问题的能力也不是一个容易被机器取代的领域。从表面看，计算机似乎能更加轻易地解决问题，毕竟它可以在很短的时间内进行客观分析。

但是，杰奥夫·科尔文在《被低估的人类》中以一个汽车制造商的要求作为例子，后者想要寻找一种为其新款皮卡车的门板压印的更有效的方法。科尔文写道："从理论上讲，计算机可以比人类更快地解决这个问题，更快地检测更多数据，并更快地权衡更多选择。但实际上，问题会在我们试图解决它们的过程中不可避免地发生变化。我们意识到，目标并不是我们想象的那样，或者我们的努力揭示了一个我们未曾考虑过的想法。我们可以用旧的方法为门板压印，但要将门板改为铝制品，以减轻车辆重量并提高燃油效率。人类必须考虑这些我们不确定问题到底出在哪里的情况，并不断调整创新努力的方向。"

此外，最具潜力的创造性努力和创新依赖于持续的人类参与的指数效益。例如，即使第二章中的主人机器人从一堆其他机器人那里征求创意，它也不太可能产生与团队成员面对面进行思维碰撞的人类团队相同的效果。正如科尔文的发现：团队成员碰面的次数越多，他们的产出就越有创意。团队成员越正视彼此，他们就越愿意相互信任，并越有创造力。

作为商业现实主义者的我们不能忘记，如果创新能够在黄金时间取得成功，那么创新必须不仅是想法或初步的概念。当创意的火花传播开来，随后由一群人类创新者团队充分开发时，创新才是最成功的。

有些人天生比其他人更有创造力，但对人类团队领导者来说可喜的是，创造力是一种像其他任何技能一样可以练习和磨炼的技能，他可以通过鼓励员工在短时间内在安静的环境中让大脑闲下来（可能一周一两次），来建立一支发挥这种强大的人类优势的团队。他们应该有意识地停止思考日常问题，比如下周要完成的项目，然后从事一些诸如画画或拼图的创造性活动。正如打电话给一位艺术家朋友来探讨如何将创造力提升至一个新的水平一样，播放一首喜欢的歌曲或阅读一篇能引起共鸣的诗歌亦能让你的灵感迸发。

迪普·派特尔（Deep Patel）在《企业家》杂志的一篇文章中推荐了类似的方法。"给自己时间，让思绪漫游、探索和幻想，记下这些不管多么奇妙或多么不切实际的想法，"他还建议通过使用左右脑来强化整个大脑，进而磨炼创造力，"尝试使用你的非惯用的手，完成一些写名字或者刷牙的日常活动。通过把手机颠倒过来的方式开始以不同的角度看问题。"

最后，为了实现你的利益最大化，你应该将团队的内部创业制度化。内部创业是在一个既定组织的背景下利用其资源的企业战略的实践。许多公司都已想出培养内部创业的创造性方法。位于比尔·盖茨（Bill Gates）旧办公室内的微软车库为所有员工提供了一个从事创新项目的空间。可口可乐的创业周末和孵化器计划促使员工产生新想法，并提出能将公司带入新阶段的创意。舒特斯托克股份摄影公司（Shutterstock）每年都会举办为期一天的黑客马拉松，在此期间，员工们会在黑客马拉松上亮相，并加入舒特斯托克的核心业务中。

听起来不错吧？的确，谈到创新时，公司总是说得很好，但只有公司的高层领导把它放在首位时，创新才会产生。你的第一个策略是成立一个致力于每月提出一个革新方法或服务的面对面的委员会。给所有员工一个下午或一个完整的工作日，让他们从事能推动公司向前发展的创业项目。

你也应该对实验进行奖励。如果你坚持要求你的员工始终遵守现有的政策和程序——保持预算,并保持不变——从长远看,你的公司将会受损。你应该与员工沟通,并让他们随时提出改进建议。你应该激励员工冒险,并推出新举措,确保员工明白,即使一个想法失败了,他们的职业生涯还会继续下去。

人类的能力:判断力

2014年,美国国家公共广播电台《美国生活》节目制片人萨拉·科尼格(Sarah Koenig)创建了一个名为《连续剧》的播客。播客对1999年被勒死的巴尔的摩市高中生李海敏一案进行重新调查。受害者的前男友阿德南·赛义德的谋杀罪名成立,并被判处终身监禁,但在案件发生近20年后,他仍然坚称自己无罪。

在1999年对赛义德的最初审判中,有几项证据支持有罪判决,但赛义德的手机数据发挥了重要作用。赛义德的接听电话记录证明,他的手机就在李的尸体被发现的位置附近。直到《连续剧》播出时,人们才开始质疑这些电话记录的真实性。2016年,赛义德被定罪后,听证会得以重新审查其案件中的证据。在那次听证会上,擅长手机取证和分析手机历史位置的专家小杰拉尔德·格兰特(Gerald Grant Jr.)证实,只有呼出的通话,而非接听的电话,才能确定打电话的

位置。

虽然马里兰州副总检察长瑟鲁凡尊·维尼亚拉贾（Thiruvendran Vignarajah）竭力让格兰特承认他可能错了，但证人坚持自己的立场。赛义德在谋杀李海敏一案中获得了新的审判，这在很大程度上归功于有力的专家证词。

巴尔的摩市巡回法官马丁·韦尔奇（Martin Welch）似乎已经掌握了清晰的且有数据支撑的证据，但他指望小杰拉尔德·格兰特来解释这些证据。换句话说，他依靠的是专家的判断力。

埃森哲的研究人员瑞安·尚克斯（Ryan Shanks）、苏尼特·辛哈（Sunit Sinha）和罗伯特·托马斯（Robert Thomas）在他们的论文《本能的判断》（Judgment Calls）中评论道：判断力是人类的工作，即当现有信息不足以完成一个成功的行为时，应该把好奇心、经验和专业知识运用到关键的商业决策和实践中。"人们基于价值观做出判断，而价值观来自我们的生活经验。计算机还没有经历我们所知的生活，所以它们没有形成我们所说的价值观。这对它们在社会中可以发挥的作用造成了根本性的限制。"

艾米工程公司的技术总监里克·罗宾逊（Rick Robinson）同意这种观点："当我们使用日益强大的计算机来创建更复杂的逻辑系统时，我们可以成功地使这些系统和人类思维类似，但有些情形只能通过人类利用基于相同价值观的判断力进行解决，才能使我们满意。"

美国联合航空公司的超额预订丑闻就是这类观点的一个典型例

子。回想一下，因为一名机组人员需要座位，所以一位乘客被强行从即将在芝加哥奥黑尔国际机场起飞的航班上赶下。这个决定确实有其商业依据，但这个依据是基于机器的智能。

毫无疑问，美联航有一个可以明确指出这个特定的机组成员必须在那架飞机上的调度算法。我相信美联航还采用了一种算法，去说服顾客自愿让座，即将赔偿金额设定在800美元（但不会更多）。最后，可能有一种算法告诉美联航，一个客户对公司的价值有限，即使他不同意接受800美元作为离开航班的交换，也应该强制其离开，以换取机组成员的位置。

因其员工盲目听从那些只提供最佳商业决策而不考虑潜在后果的算法，美联航遇到了麻烦。没有一位美联航经理站出来说："你知道吗？这个人不能下飞机。如果我们强行把他赶下去，我们会给客户留下不好的印象。如果我们伤害他，我们可能会被起诉。这两件事都将影响我们的声誉和长期业务。"

然而，美联航本来应该那样做的。能够准确做出这类判断的人将在未来的职场中受到高度追捧。

埃森哲的尚克斯、辛哈和托马斯揭示了人类判断力的三种类型，并提供了解释：

· 识别能力

智能机器能够识别各种模式和它们之间的相关性，但它在理解

关系背后的大局以及判断既定结果在宏观全局中是正面还是负面的技能较差。有时候,只有人类的经验才能判定数据并非完全是表面看上去的样子。

- **抽象思维能力**

智能机器能够遵守人类设定的规则,并利用那些规则来运行,像识别物体的类别等。但它们无法超越这些规则并产生全新的见解。

- **情景化推理**

算法可以提供大量信息,但不可避免地存在理解上的差距,从而很难只基于数据做出决策。在这些情况下,我们得依靠人类的个人的、历史的和文化方面的背景知识。

当今的商业世界具有快节奏和灵活性的特点。因此,快速准确的判断能力将成为专业人士越来越有价值的竞争优势。为了使你的团队能够经常做出有效的判断,应该鼓励成员进行不断的判断力练习。鼓励你的团队成员独自做出能够磨炼其判断能力的决定,而不是保护他们不犯错误,这只能通过经验来实现。然后,鼓励他们与其他团队合作,使其良好的判断力实践成为集体性活动,并能够为业务提供多维度的服务。

人类的能力：直觉

阿尔法狗（AlphaGo）是由谷歌"深度思考"公司（DeepMind）开发的一款可以下围棋的人工智能电脑程序。谷歌认为，围棋比国际象棋等其他比赛更难让电脑获胜，因为围棋的分支因素要多得多，而传统的人工智能方法难以使用。

阿尔法狗的算法是根据机器学习获得知识，尤其是通过接受人类和电脑游戏训练的人工神经网络来找到自己的棋路。该算法不仅可以存储大师们过去下过的数百万场棋局，而且还可以存储那些与阿尔法狗的调整版本对弈的棋局。

延世大学商学院教授张大云（Dae Ryun Chang）在《哈佛商业评论》的一篇文章中记录了阿尔法狗战胜围棋大师李世石的过程。他评论道，阿尔法狗的策略揭示了一些在现实商业环境中与直觉有关的弱点。直觉是基于本能感觉而非有意识的推理来理解和决定前进道路的能力，像阿尔法狗这样的深度学习程序虽然聪明，但是肯定缺乏某些本能。

例如，阿尔法狗在第三场比赛中从容地走了几步棋，因为它只关心赢得那轮比赛。但在商业领域，你会希望增加自己的优势，以保证自己在未来的比赛中获胜。直觉型的人类知道这是一种更有效的策略，但人工智能不知道，而且也无法知道这一点。

张教授认为，阿尔法狗另外一个直觉方面的缺陷是它的程序在

每一步棋上所用的时间是一样的。在阿尔法狗唯一失利的第四场比赛中,因为该程序没有"考虑"多花些时间,以便更加仔细地分析形势,以至于它做出了一个致命的举动。幸运的是,人类的直觉能帮助他们评估何种决策在特定的情况下是最有效的,但智能机器还无法做到这一点。

最后,阿尔法狗学会了在面对对手的高难度棋路走法时参照以往的棋局。但是,正如张所言,新情况需要新的解决方案。李世石在第四场比赛中走出了电脑中没有存储的、让阿尔法狗措手不及的、出其不意的一步棋。张教授说:"管理人员经常在面临类似问题的不同行业等其他地方寻找独特的解决方案。更重要的是,尽管人类可能比机器更容易犯错,但我们的优势在于能够认识到自己的错误,并像李所做的那样加以改进。"

我们人类拥有与生俱来的直觉,但这并不意味着我们必须凭自己的直觉做事。如果我们想要保持相对于阿尔法狗等智能程序的竞争优势,我们就必须倾听我们的直觉。以下建议可以帮助领导者和队友磨炼这一关键的人类技能:

· 跟着直觉走

人类的消化系统及其神经递质与大脑存在密切的联系。应该鼓励员工永远不要忽视即时的本能反应,并关注他们在工作环境中所产生的身体感觉。例如,如果一位团队成员在即将与新的业务伙伴签约时感到紧张,那就需要后退一步,并评估这笔交易是否真正适合自己的组织。

· **用耐力说明问题**

倾听直觉的人类团队成员知道,富有成效的功能性情景往往会激励我们,而效果不佳的功能失调的情景却恰恰相反。

· **调到梦想频道**

当然,智能机器不会做梦,但人类可以。告诉你的团队成员,当灵感来临时,应该立即把它付诸文字。

聚　焦

管理咨询不断变化的业务模式

管理咨询是通过分析组织现存问题并制订改进计划来帮助组织提高绩效的做法。几十年来,该分析的价值都是基于管理咨询公司可以得到而企业无法自行获取数据的理念。

沃尔特·基希勒(Walter Kiechel)在《战略之王》(*The Lords of Strategy*)一书中提出,像贝恩公司这样的咨询公司经常创建"单一形象"——对客户而言,如此有洞察力的数据例证本身就值100万美元的咨询费。

但是,近年来许多组织已经能够购买分析学的权限,以收集和查明最有意义的数据,从而有效地终结了管理咨询对这一功能的垄断。这本来可能是一个行业的终结，但管理咨询已经能够重塑自身，在原始数据力不能及之处，人类的分析开始发挥作用。正如理查德·萨斯坎德和丹尼尔·萨斯坎德在他们合著的《职业的未来》一书中所说，公司开始将大部分日常研究外包和离岸。他们将精力从销售数据转移到销售新产品，这些新产品提供了包括有针对性的商业见解和相关行业趋势在内的有关数据的基本结论。

换句话说，价值定位从数据本身转变为对特定数据难题的解决方案——只有合格的管理顾问才拥有提供解决方案的专业知识。只有最好的咨询师才能帮助你理解通过软件获取的海量数据，并通过线上资源获取有时相互矛盾的知识。一方面，你需要一个见识过上百种类似情况的人；另一方面，这个人需要了解你的具体方案的特别之处。

在管理咨询寻求重塑自身的过程中，一些公司通过专注于特定行业部门而变得更加专业化，而其他公司则创造了行为咨询等新的服务，或将社会心理学的见解应用于商业问题。但底线是，贝恩、麦肯锡和德勤等公司并没有破产，因为它们能够让客户明白，正确解读数据需要判断力和直觉等人类的能力。

人类的能力：人际关系敏感度

正如我们在引言部分简要提到的那样，日本理化学研究所和住友理工株式会社最近发布了一款在医院使用的帮助患者上下床的机器人"熊护士"。随着像"熊护士"这样的机器拥有了更多的功能，它们可能会承担更多传统上由护士完成的责任。但是医院护士的工作真的很复杂。护士必须有观察病人的能力，并能够判断病人的疼痛程度。护士必须走到病人的床边，并根据几乎难以察觉的线索来评估情况。当病人或其家属歇斯底里、愤怒、抑郁或焦虑时，护士必须知道该说什么。所以，总体而言，护士需要极大的人际关系敏感度。

机器人最难接手"保姆"或"儿童看护"工作的一个主要因素可能是其缺乏人类具有的人际关系敏感度。机器人也许能够看护人类的孩子，保证孩子不会被车撞到或掉进洗衣机里，但是它们还需要很长一段时间才能具备几千年来成年人抚养后代的方式：注重爱、情感和亲密关系。

我们在第二章讨论了情感处理以及开发对周围环境有情感反应的智能机器的措施。然而，包括具有同理心等情感反应的更为复杂的人工智能应用程序可能还需要数十年的发展时间。

脸书人工智能研究团队负责人扬·勒昆（Yann LeCun）告诉《商业内幕》杂志："大多数人工智能都是专业化的，而且没有情感。自动驾驶仪会驾驶你的汽车，但是程序没有让它对驾驶产生任何特定的感

觉。与人类相比,机器人的情感还处于初级阶段,这反映了它们基于对奖励的预期而设定的目标。"

但是,如果你是一台智能机器,而不是一个保姆,那么你的人际关系敏感度不及人类的水平,这真的重要吗?杰奥夫·科尔文认为确实如此,因为人们之间的互动比我们通常认为的更加重要。他在《被低估的人类》一书中谈及一项针对21000名糖尿病患者和271名医生的研究。研究发现,与缺乏同理心的医生照顾的患者相比,善解人意的医生照顾的患者的血糖和胆固醇水平更健康,且经历的临床问题也更少。

好吧,即使你并非保姆、护士或医生,与他人联系并建立关系的能力依然极其重要。科尔文还引用了美国运通公司的例子,该公司决定把接听客户服务电话的员工的屏幕上出现的脚本去掉。当允许销售代表说出他们自己的想法时,他们的真实性格就会显露出来,而且他们有能力与客户建立更融洽的关系。这样的做法产生了令人吃惊的效果,其中包括利润率上升、员工流失率下降以及客户更愿意向朋友推荐美国运通公司等。

人类还可以利用自己的人际交往能力,以一种机器无法做到的方式说服他人。科尔文提到,在讲故事的过程中,人类听众会决定是否相信故事讲述者,并评估他/她在讲故事时投入的热情。从生物学的角度讲,我们的大脑会在聆听故事时释放促进与他人产生纽带联系的催产素。然而,电脑生成的故事不会产生同样的效果。

科尔文说，当所述服务需要人际关系敏感度时，人们会继续从人类那里寻求服务，但找到提供这些服务的其他人存在难度。这里有一些可以与你的团队成员分享的策略，这样他们就可以成为科尔文所说的具有同理心的少数人中的一员。这些人极其少见，且极受重视。

· 从另一个角度看问题

想象一下导致人们对同一件事持有截然相反的观点的原因。例如，也许这个人不同寻常的成长经历或是某次特殊的经历塑造了他/她的人生。考虑一下这个人的观点是错误的还是仅仅是与自己的不同而已。

· 与那些不赞同你的人沟通

认识到另一种观点并承认它。向对方表明你关心他/她，并表示即使意见不同，你们也可以继续讨论。

· 当有疑问时，要学会倾听，再多些倾听

不要自动忽略或评判另一个观点，通过询问以解决核心问题。从字面上理解别人说的话，并寻求他/她的意见，从而找出达成妥协的最佳方式。

· 阅读经典文学作品和戏剧

和现实生活中的人一起走出现实生活去探索虚构的角色，可以有助于你理解他人的思维过程和动机。

好消息是同理心和人际关系敏感度现在已被纳入许多领导力发展课程，一些项目甚至促使参与者在现实生活中练习使用它。

例如，包括贝勒大学和密苏里大学在内的一些世界各地的医院系统正在让它们的医生与扮演患者的演员进行同理心训练，情景包括诊所或医院进行的常规互动，传达坏消息或告知改变人生的诊断。之后，医生和演员与主持人会面，以回顾医生的表现，并反思改善措施。

知识不是一种美德：改变团队的学习方式

仅仅因为人类在这些技能方面更加出色并不意味着他们一定能展现这些技能。我与德锐大学职业咨询委员会共同进行的研究表明，大多数招聘主管认为，求职者普遍缺乏软技能。

我们在第一章讨论了职业咨询委员会的年度就业准备指标调查，该调查追踪求职者的技能和特质与雇主寻求的技能和特质之间的差距。在最近的一次反复训练中，初级、中级和高级三个就业层次的主管都把诚信、解决问题的能力、人际交往能力和适应能力等软技能和特质列为必要条件，但这些特质在求职者中并不普遍。

在一项后续研究中，我们就"人类求职者在一个日益由机器运转的世界里需要哪些技能"这一问题询问了500名招聘主管。我们发现了他们对更高水平的应用技术能力的渴望，或者对利用技术为公司带来好处而非自己有效利用特定技术的能力的渴望。75%的受访者表示,员工应该了解如何使用技术来驱动业务决策,而84%的受访者表示,知道如何在自己的领域正确使用技术工具的员工会有更高效率。

两项研究都表明,员工不再能指望自己掌握某一项技能就可以在以后的职业生涯中游刃有余。当一套技能过时或出现新的技能需求时,许多组织希望自己的员工能够主动持续学习和再培训。换句话说,员工必须做到我们所说的学习敏锐度。

一位上了年纪的主管曾经说,我有快速摄取信息的能力。他可以告诉我如何做某件事,然后我会把这些知识应用于各种不同的情况。现在,我把这种反馈看作对我最大的赞美,因为我的主管觉得我有学习敏锐度,而在21世纪的企业界里,学习敏锐度是成功的关键。

学习敏锐度是对信息持开放性态度,是获取和应用洞察力的能力。具有这种特质的人通常遵循非传统的道路,并能够从一系列不同的经历中进行专业发展。学习敏锐度高的人不会因为方向的改变而感到不安。他们专注于最终状态,并愿意为之奋斗。他们会在跌倒时重新站起来,并能够承担风险,经常获得相应的回报。

绿峰合作伙伴咨询公司与哥伦比亚大学教育学院的研究人员合作,以评估学习敏锐度高的个人给公司带来的价值。他们的研究发现,以收入增长和董事会发布的"老板评级"来衡量,在评估测试中学习敏锐度排名靠前的私募股权高管团队的表现也优于学习敏锐度不

那么高的同行。

值得庆幸的是,你可以做很多事情来提高自己以及你在组织中的学习敏锐度。例如:

· **总是问下一个问题**

能解决这个问题的10种方法是什么?你可能不会把想到的所有想法都付诸实施,但不应该否决任何一种想法。

· **寻找共同点**

你目前的项目在哪些方面和你之前面临的项目或挑战相似?例如,如果当前的营销活动没有达到预期的效果,那么这个问题是否与去年没有进行足够预期受众研究的技术实践类似?

· **学会进行更多反思**

探索你参与过的项目的假设分析和历史选择。永远不要错过获得真实反馈的机会,并问自己:"我本来可以做得更好的三件或四件事是什么?"确保这个问题开放但具体,这样你才能对所学事物采取行动。

· **承担更多风险**

当不确定能否成功时,要寻找可能涉及新角色、公司新的组成部分或新地理位置的延伸任务。

· **避免防御**

当一个有风险的项目失败时,不要急于掩饰自己的错误或者四处寻找可以指责的对象。接受并承认自己的错误。抓住这次学习机会,并有意识地努力在下次选择不同的方法。

· 不要无意识地阻碍学习敏锐度高的同事

学习敏锐度高的人会不断挑战现状,并在更圆滑、更放任的同事面前显得"不尽完美"。虽然他们的直率可能会让人十分反感,但他们的价值不可否认,而且在公司各个层面这样的同事越多,我们在努力证明我们人类的价值方面就做得越好!

琳达·沙基(Linda Sharkey)和莫拉格·巴雷特(Morag Barrett)在他们合著的《不会过时的职场》(*The Future-Proof Workplace*)一书中写道,可以用"I"或者某一领域的深厚知识和专业知识来描述过去的教育。但有所截取的"T"能够更好地体现不会过时的学习者的形象,因为单一领域的专业知识在一个日益复杂的职场中根本不起作用。相反,员工必须更加灵活并且拥有跨领域的知识。他们说:"当今的汽车修理工是一个新的'T'型学习者的很好例子。他们不仅拥有深厚的机械知识,而且拥有应对目前汽车设计中增加的电子设备的工程技能。"

幸运的是,在无需漫长的追求学位过程的情况下接受普及教育或培训一项特定的新技能只会变得越来越容易。大规模在线开放课程(慕课)的兴起使员工们甚至不用离开办公桌。对冲基金经理萨尔曼·可汗(Salman Khan)创办了可汗学院,并在 YouTube 上发布了一系列视频讲座,从而为年幼的亲戚们传授数学知识。目前,该学院收藏了从艺术史到物理学的数千个视频,大多数视频只有几分钟的时长。与此类似的优达学城可以授予学员微学位,提供需要 6 到 12 个月完成的技术科目和技能(网络安全和软件工程等)方面的培训和认证。

令人惊讶的是,许多最好的慕课都是免费的。例如,计算机科学家塞巴斯蒂安·特伦(Sebastian Thrun)向斯坦福大学的学生讲授了一门人工智能课程,并同时在网上免费提供慕课。超过 16 万人报名参加了该课程的学习。

正如沙基和巴雷特所言,慕课代表着学习方式被颠覆的未来,它侧重于如何使用和应用知识。我们还需要鼓励员工自己判断哪些课程在特定的时间学习最合适。未来的职场要求我们每个人都定期寻找并参与自主学习。

如果你的队友需要一个这方面的模范,只需要留意一下当今学校的许多学生。玛利娅·蒙台梭利(Maria Montessori)在 20 世纪初创立的受欢迎的私人教育方法教导孩子们顺从自己的好奇心,而非直接接受指导。"翻转课堂"甚至在其他类型的学校也开始流行起来。孩子们可以用这种方法利用数字资源自主掌握一个主题,这便于随后和老师进行讨论。这样,孩子们就可以按照自己的节奏学习,并把注意力集中在最能提高兴趣和实用性的资料上。

下面这些建议可以帮助你的团队成员获得最新技能:

·挑战已有的思维模式

接受新的做事方式。关注你的团队解决特定问题的流程和示例。如果每个人似乎都在告诉你用不同的方式做某件事，这就是你需要从中得到的线索。

·准确理解你的学习内容

通过免费的在线学习材料和你的组织内必然会有的大型图书馆，你的团队可能会获得所需的尽可能多的信息。然而，确保这些信息内容具有系统性并且易于获得却取决于各个团队。例如，我的出版商科乾出版有限公司（Kogan Page）正在创建一个允许任何员工搜索并阅读超过900种存书的数字平台。这当然比一次只能挑选一本书的图书馆强多了！

·不要忘记你的动手技能

一旦一项任务是自动化的，你就容易忘记以前是怎么从事这项任务的。但你永远不知道这些东西什么时候会派上用场。例如，虽然多年来我一直使用拼写和语法检查程序，但我并不依赖这些辅助工具来检验我对英语的掌握能力。果然，确实有那么几次一位高管在会议上询问了我一个拼写或语法问题。

·将学习融入你的文化

将持续的学习机会纳入日常职责中，使其与绩效期望结合起来，并奖励同伴的指导。虽然利用线上资源会大有裨益，但没有什么能比坐在一个更有经验的同事旁边学习新东西更好！

游戏机制和仿真

数字技术的进步提供了引人入胜的学习体验。例如,游戏机制将典型的游戏元素(例如得分、与他人竞争和游戏规则)应用到与工作相关的任务中,而仿真则使我们能够在未将自己或组织置于危险的情况下为破坏性的真实场景制订计划。两者在鼓励学习者通过内容取得进步、激励行动、影响行为和推动创新性方面都具有趣味性。

"未来职场"公司的珍妮·梅斯特(Jeanne Meister)在为《福布斯》写的一篇文章中分享了沃尔玛在应用程序开发和游戏机制方面的做法。几年前,沃尔玛开始在8个配送中心为5000名员工提供安全培训。游戏机制化的安全培训解决了一个重要的业务问题:确保广泛分布的员工在工作中遵守安全程序。

沃尔玛的游戏平台提供了3分钟的应用程序,这个程序被融入员工的工作流程中。这个系统不仅具有竞争性(是的,它也会让人上瘾),而且还促使员工们谈论他们在游戏中的排名以及遵守安全协议的重要性。这种游戏机制正是在情感方面对改变员工的行为有着最深刻的好处。果然,在使用游戏机制的8个配送中心中,沃尔玛的安全事故减少了54%。

在事物的仿真方面，eLearningIndustry.com 网站的李惠眉（Li Whybrow）解释了英国劳埃德银行集团是如何将这一策略纳入其客户服务入职计划的。李惠眉写道："新员工必须了解有关处理敏感客户的数据和验证客户的法规的复杂性和良好做法。使用实时客户数据无法完成这个任务，所以劳埃德银行与几家技术供应商合作，以利用银行提供的合成数据构建该系统的完全仿真克隆。"

这个仿真驱动程序使用一个有围墙的花园，或者一个通过促进明显进展来指导用户方向的环境。它强大的脚本、故事板和丰富的视频内容帮助新员工与客户建立同理心，并学会从内部资源中寻求适当的帮助。

当我们朝着2030年迈进时，更复杂的游戏机制和仿真应用将进一步取代21世纪前10年停滞不前的在线学习技术。加入一点虚拟现实——我们稍后会详细讨论——你的队友将会有各种身临其境和娱乐性的选择，来增强他们最具市场价值的人类特征。

偏见陷阱：克服人类的致命弱点

我们已经在本章阐明了人类总是比智能机器具有某些优势。但是，在客观看待人类方面，以及在没有先入之见的情况下平等对待人类方面，机器做得比我们好。

人类这样的做法并非有意而为之，这就是为什么它被称为无意识偏见。无意识偏见是对性别、年龄、种族等的一种自动的态度。我们意识不到自己的这种偏见并据此采取行动。无意识偏见是人类与生俱来的。对人进行快速分类的能力帮助我们的祖先区分朋友和敌人，并帮助我们每天整理数十亿条信息。

但是无意识偏见阻止我们把人们看作个体，因此我们会误解他们的能力。我们看待事物会有偏见，我们还特别重视这种有偏见的信息。同样需要注意的是，在有压力、时间紧迫或紧张的情形下做出决定时，我们更容易受到偏见的影响。

谢丽尔·桑德伯格（Sheryl Sandberg）在《向前一步》（*Lean In*）一书中描述了哥伦比亚商学院进行的关于无意识偏见的一项著名研究。教授们要求学生阅读一个以硅谷著名的风险投资家海蒂·罗伊森（Heidi Roizen）为原型的案例。他们让一半的学生阅读海蒂的故事，另一半学生阅读主角名字被改成霍华德的故事。

学生们认为，海蒂和霍华德能力相当，这样的评论是有道理的，因为他们的成就一样。但学生们认为，霍华德是一个更有魅力的同事,而海蒂很自私,"不是你想雇佣或为之工作的人"。学生们下意识地认为海蒂太有能力了,以至于她不可能是个友好的人。

诸如此类的无意识偏见会导致生产力下降、创造力和冒险精神衰退,并使信任感、敬业度、自信心和士气受到侵蚀。与之斗争的第一步是,当你遇到另一个人时,要留意并质疑你直接的、隐含的想法。以下是保护你和你的团队免受这种人性弱点影响的一些建议:

· **认识到作为人类,大脑会在我们意识不到的情形下犯错**

我们都有偏见,而意识到自己的偏见会帮助我们在工作中减轻偏见。

· **对自己、你的领导、同事和员工进行反偏见教育**

只要提高意识,就可以减少对成见的依赖。

· **检查雇佣生命周期的各个方面,以找出隐藏的偏见**

这包括筛选简历、面试、入职、分配流程、人员规划/人才招聘、辅导项目、绩效评估、晋升和解雇。我们将在第九章讨论能够提供帮助的软件。

· **细查正在使用的标准**

它是正确的标准,还是无意中筛选出了特定的优秀候选人或结果?谨防因为某人"不适合"的想法而做出任何决定。

· **思考一下,是否和你相似的人(相同的性别、种族、教育水平等)占用了你更多的时间**

领导要努力做到"平等关注"。

· 做一个平易近人且思想开明的沟通者

如果团队成员觉得他们可以和你讨论敏感问题,那么你就可以防止偏见的情形恶化。

· 进行员工满意度调查

设法了解团队中可能存在的隐藏的偏见和不公平的具体问题,努力干预已发现的偏见,并直面难题。

· 对以前的员工进行匿名调查

设法了解他们曾面临的问题,以及他们是否鼓励或阻止潜在员工申请贵公司的职位。

· 辨别并支持筹备中的增加多样性的项目

奖励那些志愿参与这些团队的员工,创造实习机会和搭建其他桥梁,并赞美那些成功克服障碍的人。

· 设身处地为团队成员着想

经常问自己"我觉得这个方案公平吗?"或者想象这个人是你的孩子,你希望他/她被这样对待吗?

既然我们已经研究了人类在未来职场需要的技能,并探索了如何发展这些技能,那么让我们来看看就业结构本身。我们将在下一章讨论如何将工作安排从弹性工作时间发展到远程呈现。

行动计划

今天就回答这些问题,从而为未来2030年的职场做好准备:

1. 想象一下,你的首席执行官宣布,他/她打算用一个具备你所有的行业专长和与工作相关知识的类人型机器人取代你,那你会用什么例子来证明你是更好的领导者?

2. 一位团队成员上一次预测了你所在行业或公司中其他人没有预见到的事情发生在什么时候? 他/她的思维过程有什么独特之处? 你的组织目前如何奖励员工的创新? 有什么内部创业技术能确保你捕捉并实现员工提供的所有最佳创意?

3. 你的团队是否遭受分析瘫痪的状况? 作为领导者的你能做些什么来鼓励更敏捷的决策?

4. 现行的员工培训是否可以磨炼员工的创造力、判断力和直觉等技能? 你将如何调整这种培训,以更好地体现这些特点?

5. 你的公司采取了哪些策略,来应对雇佣生命周期中的无意识偏见? 你的团队如何能进一步消除偏见?

本章总结

· 我们这个以技术为基础的社会发明了组织专业岗位的新方法,这些新方法比传统方法更经济,更容易获得,而且可能更有助于提高工作质量。这些方法都不涉及对人类就业机会的完全排除。

· 在可预见的未来,在进行创造性工作之前,机器将依赖人类为它们提供规则和指导。它们需要人类识别人工智能算法完成的工作是好还是坏,或者它们是否理解了意图——因为机器不会知道其中的差异。

· 当所述服务需要人际关系敏感度时,人们会继续从人类那里寻求服务,但是要找到提供这些服务的其他物种存在难度。为了你的最大利益,你应该把你的团队成员培养成具有同理心的少数人中的一位——你很难遇到这种类型的人,他们极受重视。

· 学习敏锐度是对信息持开放性态度,是获取和应用洞察力的能力。学习敏锐度高的人不会因为方向的改变而感到不安。他们承担风险,并经常得到相应的回报。未来的职场要求我们每个人都提高学习敏锐度,并定期寻求自主学习。

· 无意识偏见是人类的致命弱点,它会导致生产力下降、创造力和冒险精神衰退,并使信任感、敬业度、自信心和士气受到侵蚀。与之斗争的第一步是留意并质疑那些直接的、隐含的想法。

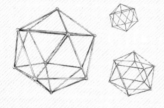

第 四 章

不断变化的工作结构

一个万里无云的春日,我去芝加哥市中心探访一位共事数年的客户的公司中西部总部。从电梯里出来后,我走进一个令人惊叹的有各种大理石装饰的大厅。水流沿着一面墙壁缓缓流入一个浅水池,落地玻璃窗呈现出美轮美奂的城市地平线景观。从接待员那里拿到访客证后,我就前往会议室寻找我的客户。

　　这里的安静令我印象深刻。这一层至少有200个办公室和小隔间,但是没有快速工作的打印机,没有嗡嗡作响的咖啡机,也没有响个不停的手机。客户宏伟的办公楼几乎空无一人,上午10点钟的办公楼如同晚上10点钟一样安静。

　　公司里当然有员工。只是多数员工都在按照我的客户的远程办公规定进行远程工作。我不禁想知道,这家公司还会在这样一个员工不再来工作,而且很少有像我这样的客人来欣赏的巨大实体空间上投资多久。

在撰写本书时，我的客户并非唯一一个维护这样一个令人敬畏的空间的人。苹果公司推出了占地175英亩（约71万平方米）、耗资50亿美元并拥有1.2万名员工的新园区。一位博主在世界经济论坛网站上评论道："这座未来主义的四层圆形建筑就像一艘着陆的宇宙飞船。"该设施以已故的史蒂夫·乔布斯（Steve Jobs）的设想为基础，包括大型礼堂和健身中心、3200米长的慢跑道、1000辆自行车和一个果园。完全使用可再生能源建造的新园区旨在成为苹果公司的创新之地。公司相信，这个大型的现代化工作场所将激励员工取得更大成就。

美国人喜欢做大事，欧洲人也在采取行动。正如这位世界经济论坛博主所指出的那样，为咨询公司德勤设计的位于阿姆斯特丹的前沿大厦被誉为世界上最环保、或许也是最智能的办公场所，那里的咖啡机甚至可以"识别"员工，并记住他们喜欢什么样的咖啡。

然而，因为传统的办公楼仅仅具有良好的商业意义，所以人们对它的使用率必然会在未来几年内下降。除了我们稍后将讨论的弹性工作制和移动访问趋势，目前的研究表明通勤会降低工作效率。据《赫芬顿邮报》报道，施乐和盖特航空餐饮美食等公司发现，长时间的通勤与员工保留率较低之间存在着联系。这种办公楼并不是唯一一个被搁置的传统办公结构。本章还将探讨其他方面的内容，重点关注联合办公、弹性工作制、虚拟团队和群集，以及诸如增强现实、虚拟现实和远程呈现等远程访问技术的应用。

日益增多的联合办公运动

联合办公将来自各类组织的不同类型员工聚集在一个共同的空间里工作。诺尔(Knoll)的报告《联合办公的兴起》(The Rise of Co-working)指出,世界各地的联合办公场所数量在过去几年里增加了700%,到2017年已攀升至3.7万个。

联合办公可以追溯到20世纪90年代黑客空间的出现。黑客空间是指拥有共同数字技术兴趣的人可以聚集在一起工作并分享想法、设备和知识的实体空间。后来它就成为个体企业家、自由职业者、兼职者、独立承包商或创业人员的工作场所,他们需要一个偶尔有人类陪伴的可利用的工作场所。但是,拥有众多员工的老牌的组织越来越认识到共享资源的价值,它们提供有竞争力的实用设施,并提供让员工可以按需使用的弹性工作空间。

诺尔认为,公司已经以多种方式进行联合办公,包括在现有的联合办公场所设立卫星办公室或孵化器以及鼓励远程或在家办公的员工加入,从而体验更强的协作、同僚责任感和工作满意度。诺尔最近对52个国家的1500名联合办公人员展开调查,84%的受访人表示,自从加入联合办公社区后,他们能够更为专注积极地投入工作,82%的受访者认为他们业务的规模有所增长,83%的受访者觉得他们的孤独感减少了。

当今最有名的联合办公连锁企业是WeWork。该公司最初在纽约成立,因其为全球数万名联合办公人员提供服务而成为目前世界上第六大最有价值的私营公司。其租户包括通用电气、默克和毕马威等财富500强公司的研发和创新员工,以及从与志趣相投的个人近距离合作中获益的连续创业者。

诺尔引用了纽约市另一个有趣的例子。市政厅是一个能够进行一系列活动的工作及社区空间,其中包括日常工作和协作,大型团体聚会以及讲座、研讨会、辅导计划、会议和招待会等学习机会。空间本身应该兼具灵活性和适用性,使社区中心能够服务和联系从商界到学术界、新闻界和政界的不同个体。

未来猎人公司的报告《工作创造》(Workreation)认为,各个组织每年都在联合办公安排方面变得越来越聪明。作者写道:"克莱(Krash)是一个共同居住的空间网络,创业者、企业家和创新者在同一个屋檐下生活3到12个月。WeLive是WeWork的居住理念,拥有类似于工作空间的设施。"同样,英国航空公司的创新实验室飞行之旅计划旨在促进空中联合办公和创新。"2016年,它在从旧金山飞往伦敦的没有配备无线上网技术的航班上召集了100名技术领袖,并让他们为发展中国家设计一个新的平台理念。"

另一种联合办公策略允许员工在公司现有空间内,与外部合作伙伴、研究人员和客户在一致的基础上进行协作。联合办公还可以通过这种方式从他们目前拥有或租用的未充分利用的空间中创造额外的收入来源。诺尔建议,通过将空置的办公空间出租给现有的供应商或合作伙伴,公司可以在利用宝贵的房地产资产的同时提高团队效率。

在未来10年,对于许多组织而言,联合办公将成为人才管理难题的关键一环。我们在第一章谈到的预计人才短缺使得寻找推动创新、推动产品开发和加速上市的更好方法成为必要。此外,诺尔推断,如果企业效仿当今大学校园提供的协作和创新环境,那么它们在寻求吸引较年轻的员工方面将会更加成功。最后,联合办公可以成为利用全球人才库的有效方法。诺尔列举了谷歌向中东和北非扩张的例子。通过与当地的创业平台AstroLabs合作,谷歌在迪拜开设了一个联合办公场所,使自己在这个地区出名了。

在传统的办公大楼成为特例而非常态之前,联合办公可能会增加,但这并不意味着联合办公这一理念是完美的。许多组织需要在未来几年解决联合办公团队面临的一些棘手问题,包括缺乏有凝聚力的公司文化和对同事的忠诚度、沟通不一致、安全风险以及过度拥挤和整体混乱的趋势。我们将在下一部分讨论各个组织必须通过全面的员工政策来规范包括联合办公在内的非传统的工作安排。

与此同时,自由职业者和其他独立工作者继续将联合办公规模提高到一个新水平。如今,联合办公已正式成为共享经济的一部分。在共享经济中,你可以把汽车或公寓等闲置资源与他人共享,以获得额外利润。马来西亚、新加坡、菲律宾等国以及中国香港等地甚至使用像FlySpaces.com等实时市场来定位最有效的办公场所。无论这些流动专业人士和创业公司对联合办公场所的需求是一小时、一天、一周还是几个月，网站将在东南亚的数百个可用场所中找到合适的空间。

无论一位专业人士是为具有一系列相互关联的物理空间中心的全球化组织工作，还是通常在一个家庭办公室工作，该专业人士可能出现在世界上的任何一个大城市并找到召开会议或做项目的理想场所，这只是一个时间问题。

弹性工作制成为常态

在过去的10年，许多组织都被强拉硬拽进弹性工作制的政策中。《纽约时报》最近报道，近45%的美国员工至少有一些时间在远程工作。幸运的是，弹性工作制的好处现在已经得到认可。美国社会学协会的一项研究表明，与财富500强公司的那些没有参加弹性工作制试点项目的工作人员相比，那些参加试点项目的信息技术工作人员对工作的满意度更高，而且他们对工作的倦怠感和心理压力也更低。

这是美国公司首次采用随机对照试验来衡量弹性工作制的影响。在实验中，参与者被分成两组。其中一组参加一个试点项目，在那里他们学习了旨在增强他们对工作生活的掌控感的工作措施，更关注结果而非关注在办公室的露面时间。然后，员工们执行了这些措施，其中包括改变他们的工作时间表、更多地在家工作、重新考虑他们参加的日常会议的数量,通过即时通信工具增进交流,以及更好地预测诸如软件发布前后的高需求时期。试点小组的管理人员还接受了监管培训,以鼓励员工对家庭/个人生活和专业发展的支持。

对照小组没有参加本次培训。相反,公司使用现有的政策对他们进行管理。结果很明确。参与组织计划的员工表示,他们能够更好地控制自己的日程安排,并且得到上司更多的支持,他们更有可能拥有足够的与家人共度的时光。此外,这些员工的工作满意度更高,工作倦怠感更少,而且压力更小。他们还表示,自己的那些并不等同于临床抑郁症的抑郁症状(即心理困扰)有所减少。

然而,并非所有公司都像美国社会学协会那样定义弹性工作制。弹性工作制会因不同的组织和文化而各有差异。弹性工作制最初主要和典型的工作日有关,朝九晚五的日程安排,不太能自由地选择周五在家工作或者因为私人问题与工作冲突时提前下班。但是,弹性工作制的不断普及使"一刀切"的模式越来越不适用。

像分析平台开发者Apervita这样的公司,团队成员分布在全国各地。许多医疗保健机构采用压缩的工作周,例如:每天工作10小时,每周工作4天,即员工每个工作日工作10小时,从而将工作日减少到4天。像FlexJobs这样的公司完全不考虑时间,这意味着员工可以掌握自己的工作效率偏好,并根据这些偏好创建定制的时间表。只要能取得成果,什么时候工作并不重要。

安·迪亚布(Ann Diab)撰写的一篇题为《缓冲区》(Buffer)的文章

描述了美国联邦政府的工作分担政策。工作分担制团队由两名专业人员组成,他们协作完成一项工作。例如,工作周可能是队友 A 从周一工作到周三,而队友 B 在相同的职位从周三工作到周五,周三这天会进行一些工作交接和职责的互补。美国联邦政府在其部门中推广工作分担制,以便为那些需要照顾家庭、接受教育或由于其他原因希望从事兼职工作的人们提供灵活就业机会。

工作分担制有诸多好处,包括减少旷工、增加业务连续性和提高生产力等,因为分担者可以专注于他们能够处理得最好的职责,而且在单一职位上有经验更多的智囊团。工作分担政策当然也存在潜在的误解、沟通混乱和绩效差距等缺点,但是只要你选择了容易分担的工作、制订了全面的工作和过渡计划,并公平地评估每一个工作分担者,那么工作分担制就能对你团队的运作产生积极影响。

产假伙伴关系包括两名想要生孩子的女性。她们计算自己的怀孕时间,以便一人先休产假,而另一人在前者产假结束后休假。尤其对教师来说,这一趋势正在上升。谁说这一关系只适合女性?陪产假的伙伴关系同样易于实施。

传统上,轮班工作制是用来满足工厂全天候生产需求的。但是随着越来越多的组织在全球化的、永远在线的环境中运作,2030 年之前,轮班工作制可能也会在专业人士中流行起来。早班从早上开始并持续 8 小时,就像正常的工作日一样。中班也被称为小夜班,从下午 4 点左右开始到午夜结束。和早班相比,通常小夜班的工作人员的

行政责任更少,而且工资更高,从而补偿他们无法与家人共进晚餐的缺憾。第三个轮班也叫夜班,从午夜开始到早上 8 点终止,由于无法睡眠也不能陪伴家人,所以夜班的报酬最高。越来越多的公司实施换班制。员工可以根据个人喜好或公司需要而不断改变自己的工作时间表。例如,员工可能会因为伴侣能在家里陪伴孩子而选择每个月上一周时间的夜班。零售商店在 12 月可能会实施分组计划。部分员工在上午最繁忙的购物时段(可能从上午 9 点到下午 1 点)工作,然后在晚上最繁忙的购物时段(晚上 6 点到 10 点)返回工作岗位。

在一些地方,弹性工作制正在国家层面进行立法。例如,荷兰已经颁布了"弹性工作制"法案,允许员工在工作时间和工作地点方面享有更大的灵活性。这项新法规使员工不仅可以要求改变工作时长,而且可以要求改变工作时间和工作地点。

无论你所在的组织提供何种类型的弹性工作制,你都需要一个清晰而全面的能够详细准确说明管理者如何实施它以及员工如何使用它的政策。美国人力资源管理协会的文章《弹性工作制:可选的工作时间表政策和程序》(Flexible Schedules: Alternative Work Schedule Policy and Procedure)认为,你可以授权给部门领导,决定整个部门或整个班次是否必须转变为文中所说的一个或多个可选的时间表选项。主管或经理必须评估弹性工作制在生产、质量和旷工方面的影响及成果。

然后,你必须起草资格准则,即谁有权选择弹性工作制以及在什么情况下可以实施。角色类型、出勤记录、在公司的任期以及工作绩效都是可能影响个人资格的因素。请制定规范而客观的标准,以确保你的遴选过程不会出现偏见。

接下来,概述你对在办公室之外完成工作的方式的期望。例如,你可能要求远程工作者在标准的办公时间内工作,保持每周或每天与团队成员和主管进行沟通(最好通过视频、即时消息或至少电话),并建立一个设备齐全的不受儿童干扰并有利于高效工作的家庭办公室。

假设你已经拥有使用弹性办公技术的政策。重要的是,这一政策必须包括弹性工作制里员工该如何使用公司的设备和网络。从网络安全的角度来看,从不安全的位置访问专有数据可能是危险的,因此确保充分利用杀毒软件、密码保护、加密技术、定位感知和技术支持软件。

所有弹性工作制政策都应该有3到6个月的试用期,以评估工作安排的运行情况。如果试验成功,且个人或团体长期实行弹性工作制,你仍应至少每年评估一下情况。弹性工作制并不是对每个人都有效的,所以你的政策应该包括一些内在的措施。如果员工利用弹性工作制钻空子或者没有发挥出自己的最佳能力,你可以采取这些措施。你还应该考虑你的政策可能会受到相关加班工资法以及分区制度、责任和税收问题的影响。为此,在落实政策之前,你应该和主管工资、法律和信息技术的部门协调。在继续实施政策之前可能需

要对基础设施进行一些变更。

如果你和我一样,你会在不了解预期投资回报率的情况下犹豫是否要尝试弹性工作制。然而令人惊讶的是,当弹性工作公司跟踪调查了350家公司弹性工作安排的投资回报率时,它发现只有3%的公司在积极地做这件事。大多数公司把弹性工作制视为一种让人感觉良好的举措,很少有人去量化它是如何发挥作用的(或是否发挥作用)。你想避免犯同样的错误吗? 以下是FlexJobs公司为评估你的弹性工作制项目的具体价值而提出的建议:

- **业务成果**

你的客户是否满意并获得了他们习惯接受的结果? 成果是更好还是更差? 你认为弹性工作制与个人、团队或公司的成功有什么关系?

- **员工行为**

你的员工敬业吗? 他们是否更加忠诚于自己的岗位,或者更加支持总体任务? 员工之间是否有足够的联系? 你的员工是否具有比以前更好的工作/生活平衡感或融合的感受?

- **员工流动率**

自实施弹性工作制以来,你的员工保留率是提升了还是降低了? 你是否留住了最优秀的员工? 你是否能够使用弹性工作制计划吸引顶尖人才?

聚　焦

麻省理工学院详述其弹性工作制指导原则

麻省理工学院斯隆管理学院主管教育的副院长彼得·赫斯特（Peter Hirst）表示，他所在的院系几年前推出了一项基于团队的弹性工作制指导原则试点项目。该项目让整个团队参与进来，而不是做出个别调整。这个团队计划搬到一个离主校区步行距离太远、开车距离又太近的新地方。建筑和交通模式使波士顿也经历了大量的交通堵塞，工作人员经常因此迟到。远程工作的选择是有道理的。

行政教育试点方案授权给各团队，按照自己的条件取得成功。赫斯特认为："有效的弹性工作制自始至终都是一种团队精神。整个团队需要满怀信心地接受一种观点：新政策反映了每个人的利益，并为团队的业务目标服务。"试点结束时，93%的参与者认为取得了比以前更好的合作，90%的参与者表示他们的家庭和个人生活得到了改善，85%的参与者觉得他们的压力减少了，80%的参与者表示干劲和敬业度提高了。

试点的成功有助于人力资源部门为其他团队制订计划。麻省理工学院目前拥有约12110名员工，业务需求、团队结构和组织文化存在较大差异。尽管如此，麻省理工学院还是试图制定能够有效适应所有群体的弹性工作制的指导原则。该学院首先开始和内部人力资源协调员(或称为工作/生活专业人员)团队培养内在能力,这一团队被授权广泛复制整个大学成功的弹性工作制试点。麻省理工学院的人力资源部门还创建了一个弹性工作制网站,提供工具资源、各种在线培训以及使员工和管理人员的请求和管理更加灵活的文章。可访问性和透明度是该网站的主要目标。当它能够了解不同团队的员工正在做什么时,也就没有什么秘密可言了。

麻省理工学院的政策在不断改变,赫斯特将其描述为一个经常被审查和更新的"活文件"。各个团队也可以对文件进行解释,因为这些团队领导者对那些最适合他们团队的安排关注得最多。

虚拟团队与群集现象

我是四个虚拟团队的成员。我和同事通过电子邮件、短信、Gchat和Slack通信。我们生活在世界各地,大部分人居住在美国,但也有一些人住在澳大利亚、印度和英国。我和我的大部分同事素未谋面,而且我可能永远也不会见到他们。

10年后，各组织将把虚拟团队融入大多数部门的运营中。准确地说，虚拟团队是指处于不同地理位置、利用技术在一个项目或一系列项目上协同工作的任何一组员工。

然而，仅仅因为你雇用了一个居住在总部外的团队，并为其成员提供设备和访问权限，并不意味着这个团队就会像住在小隔间的员工一样自动高效地工作。这是一个危险的假设。事实上，如果虚拟团队符合以下标准，那么虚拟团队就会成功。

· 高效的虚拟团队由自信、负责并拥有独立工作能力的员工组成

团队成员负责完成他们的工作，并知道何时以及如何表达他们的担忧和建议。由于业绩能力有保证，所以虚拟团队成员有一定程度的灵活性。

· 高效的虚拟团队理解预期

它们严格定义角色和职责以及团队规则和协议。团队成员知道如何在另一个时区安排会议、如何推进议题以及如何就时间敏感的问题与同事取得联系。这些问题都可以得到清晰的反馈，不存在假设。

· 高效的虚拟团队具有相关技术

团队成员可以使用最复杂的协作工具，从而使项目工作高效且

无缝衔接。他们利用即时通信工具、视频会议和社交网络实时交谈。

- **高效的虚拟团队熟悉现场动态**

理想的情况是，团队成员在业务和社交场合中见过不止一次。虽然上述情形并非总是可行的，但一次单独的现场聚会更有可能让员工彼此信任和欣赏。

- **高效的虚拟团队有一位可以见到的主管**

当团队成员能不时见到他们的主管时，他们会更投入、更富有成效，而且压力更小。他们知道主管在忙什么，并且充分了解团队活动对公司利润的影响。

- **建立高效的虚拟团队，并保持稳固的关系**

团队成员明白拿起电话讨论冲突以及把虚拟同事当作正常的人来了解的重要性。尤其对于新团队或新员工而言，伙伴制度有助于建立联系。

- **高效的虚拟团队可以召开很棒的会议**

提前发出会议议程。团队成员准时参会，因为他们知道会议将会短暂、富有成效。会议留出讨论时间，以便听取意见，达成共识。减少周围环境噪音等合理的基本规则能让团队保持专注，并紧跟会议进度。

请看一件令人惊讶的事情。最有效的虚拟团队成员是……强大的打字员？你没有看错。爱荷华大学 2017 年发表在《领导力季刊》和该校网站上的一项研究发现,虚拟团队的领导者喜欢打字速度快的员工。爱荷华大学蒂皮商学院管理学与组织学教授格雷格·斯图尔特(Greg Stewart)是该研究的合作者。他表示:"打字速度较快的人能够更快地传达他们的想法,并在协作工作环境中推动团队的发展方向,而打字能力较差的人落后于他们的对手。"

在这项研究中,研究小组进行了一项实验,将344名参与者分成4人小组。一些团队将4名成员分在4个不同的房间,另一些团队将4名成员平分在两个不同的房间,还有的小组将4名成员分别安置在一个三人间和一个单人间。然后,每位成员扮演一个好莱坞电影制片厂领导团队的角色,并根据他们所阅读的各种营销研究决定要创作几部剧本中的一个。除非他们在同一个房间,否则团队成员只能通过电脑发信息进行沟通。

实验结束后,参与者完成一份要求他们对同事的领导能力进行评分的问卷调查。调查发现,打字能力与领导力认可度呈正相关。打字能力强的人(考虑到速度和准确度)更有可能成为实验中的领导者。研究还发现,实际在场对领导力的得分也有影响,因为团队成员往往会给同一个房间的成员而非其他房间的成员打更高的分数。成员完全分散在不同房间的团队是个特例,在这种情况下成员所在的地点对其领导力得分没有影响。

就像弹性工作制一样,领导者应该积极衡量虚拟团队的生产力。组织的关键绩效指标、团队目标、个人目标以及确定好的流程和程序等常见的管理指标同样适用于虚拟团队。

然而,仔细研究一下可能导致虚拟团队失败的与沟通相关的指标可能是个好主意。例如,亚洲人力资源管理协会的一篇文章建议领导者跟踪视频会议等会议召开的百分比,因为当团队成员在电话会议期间同时处理多个任务时,决策制定的质量会降低。你还可以计算会议期间讨论每个议题所花费的时间,或项目过程中团队领导者与每个成员之间沟通接触点的数量。

21世纪中叶的工作团队除了具有虚拟性特点之外,还有临时性的特点。合同工作的增加以及各个组织的专业化预示着长期合作的稳定团队的终结。人们仍将重视和奖励团队合作,但团队本身将以闪电般的速度组建和解散。行业分析公司高德纳(Gartner)将这种现象称为群集。

群集是指一群人为了一个短期项目而聚集在一起,而当项目完成后他们快速解散。其特点是每个人都能参与到集体活动中,并贡献自己的一份力量。群集成员几乎互不相识,因此,专业人士将不得不利用更宽泛的网络在同事和合作伙伴中获得影响力。

在不久的将来,工作将跨越部门和公司的界限,而且人们将有一系列不断变化的正式和非正式管理者,因此报告关系将变得混乱。员工必须更加自发主动地提出新的构思和模式,来处理手头的问题。

每个月(或每周)都在一个新团队中工作可能既有挑战性,又让人兴奋,团队成员可能不会感到无聊。但是,因为你的道路需要你自己走,而且和你一起工作的每个人都在朝着略微不同的方向前进,所以找到合适的长期合作的良师并巩固工作关系可能将很难。当你试图管理一支联系纽带较弱的队伍,并同这些你可能只在一个项目中打过一两次交道的人交谈时,人际关系网将变得更加复杂。

你不会总能理解新同事的文化或观点。不幸的是,群集工作的速度和强度使你没有时间开创局面。你只需加倍努力去了解群集的同伴,并接受你们之间的联系有时可能只是为了完成一个共同的工作目标的情况。

米勒公司的报告《协同工作、群集和灵活的工作场所》(Co-Working, Swarming, and the Agile Workplace)指出,"群体智能"的概念——即以蜜蜂和蚂蚁等为代表的社会性昆虫的群体行为——并不是一个新概念。科学家们多年来一直在研究群体智能以更好地理解一群即时互动的个体产生惊人效果背后的机制。这些自发团队在没有层层管理或精心制定的战略计划的情况下能够找到解决诸如筑巢和觅食等复杂生存问题的最佳方案。

彼得·米勒(Peter Miller)在他的著作《聪明的蜂群》(The Smart Swarm)中概述了来自大自然的宝贵商业经验:

> 从蜂群中我们了解到,只要群体寻求知识的多样性,他们就能及时做出正确的决策。通过研究白蚁丘,我们看到,即使是对共享项目做出微薄贡献,也可以创造出有用的

东西。

　　最后，成群结队的椋鸟向我们展示了一点：如果没有来自单一领导者的指示，一个群体的成员可以通过关注离它们最近的邻居来非常精确地协调它们的行为。在自然界中，智能群体将问题的解决方案分配给诸多个体。这些个体以不计其数的方式进行互动，直至出现一种模式——一个能使一群蚂蚁找到最近的一堆种子，或者让一群鲱鱼躲开一只饥肠辘辘的海豹的这样一种动作或意义的临界点。

　　一系列连续的群集职业生涯将相当有趣，但也可能很难驾驭。专业人士将失去一些长期工作关系带来的好处，但有希望获得一个更多样化的网络带来的好处。总的来说，如果团队成员能够毫无摩擦地合作，那么成为敏捷项目团队的一员将是积极的事情。好消息是，如果某个团队出了问题，你进入下一个团队只是时间问题。

通过增强现实、虚拟现实和远程呈现进行协作

　　根据戴尔未来劳动力研究报告，近80%的"千禧一代"职场人士在工作中尝试过虚拟和增强协作技术。Augment.com 把虚拟现实（VR）定义为对真实环境或情景的人工、计算机生成的模拟或再现。它主要通过刺激用户的视觉和听觉使其沉浸其中，让他们感觉到自

己是在亲身体验模拟现实。虚拟现实有可能通过一种名为虚拟现实建模语言的编码语言得到实现。可以用虚拟现实建模语言创建一系列图像,并详细说明哪些类型的交互对它们而言有可能实现。

增强现实(AR)是一种将计算机生成的文字、图像、音乐、视频等虚拟信息模拟仿真后叠加在现有现实之上的技术。增强现实被开发成应用程序,并被用于移动设备,将数字组件以一种既能互相增强又能轻易区分的方式融入现实世界。

虚拟现实和增强现实都利用了一些相同类型的技术,并为用户提供增强或丰富的体验。虚拟现实创造了完全由计算机生成驱动的现实,而增强现实则通过添加数字图像、图形或感觉等虚拟组件,作为与现实世界交互的新叠加层来增强体验。

"敏捷联盟"的罗恩·夸特尔(Ron Quartel)设想了如何通过虚拟现实和增强现实赋予分布式团队权力。他写道:"你的家庭办公室将由键盘、VR/AR头戴式耳机和特殊手套组成。你每天的某个时间都要在一个虚拟房间里和你的团队见面。在那里你可以听到、看到你的队友和你自己通过故事地图、迭代板等进行的数字演绎。"

根据夸特尔的设想,团队成员可以在定制的虚拟空间中形成较小的团队或小组来展开工作。这些空间对于每个人来说可能看起来相同或不同。例如,一个团队成员可能选择在沙漠环境中工作,而另一个团队成员可能选择花田或外太空。

在《华尔街日报》报道的另一项应用中,一组研究人员将与护目镜相连的鹿角状传感器绑在三星虚拟现实头戴式耳机上。耳机引导研究人员进入一个虚拟现实环境。在虚拟现实环境中,他们可以看到自己的数字虚拟化身在模拟环境中移动。研究人员使用手持式电子棒共同绘制三维模型。

与目前的视频会议技术相比,虚拟现实尤其具有许多优势。首先,因为虚拟化身可以直视彼此,所以眼神交流大大增强。你可以通过虚拟化身的面部表情、姿势或者他们彼此站立的距离这些非语言暗示进行可靠解读。虚拟化身可以有效地对彼此做出善意或者恶意的手势以及精确地模仿书写和打字等精细动作。

当我们朝着2030年迈进时,人们希望,虚拟现实和增强现实技术将变得更加成熟,并降低成本。说实话,目前的系统有点笨拙。它就像20世纪70年代设计的第一台计算机一样,材料异常巨大且沉重,容易过热,使用大量电池,并经常出现连接问题。

与虚拟现实和增强现实发展速度相当的是远程呈现,它允许专业人士将自己虚拟地投射到一个引人入胜的人类办公环境中。企业可以使用双机器人(Double Robotics)等公司的远程呈现机器人技术,开始每天"派遣"员工参加客户会议和演讲活动。

"远程呈现是为数不多的几个让我真正感到兴奋的机器人技术的商业应用之一。"彼得·赫斯特最近在科技博客上的一篇文章中谈到了他在麻省理工学院斯隆管理学院的同事保罗·麦克唐纳-史密斯。保罗在伦敦工作,但双机器人公司的远程呈现机器人使他能够在早上先出席在新加坡举行的会议,然后参加南非开普敦的商务会议,并在当天下午晚些时候与位于美国马萨诸塞州剑桥市的麻省理工学院的团队成员碰面。

赫斯特说:"在我们的办公室里,远程呈现机器人不再是一个新鲜事物,而是一种我们每天都使用的、可以让我们的远程团队成员更加投入的工具。双机器人公司的机器人单元可以定期用于团队会议或一对一的访问。我们都希望真正有能力与同事和客户进行互动——这种体验比电话或视频会议更自然,且更加私人化。"

领导者们目前可能将远程呈现机器人视为另外一件需要担心的事情,而且他们的担心并非毫无根据。一方面,如果你的办公室有敏感的知识产权,那么周围安装有遥控摄像头和麦克风、无意中在互联网上实时传输各种数据可能都不是最好的主意。

另一方面,运行机器人的软件仍然存在漏洞。思科曾因黑客入侵其网真软件而受到诸多媒体的关注。思科修补了该软件,但这仍说明其安全漏洞非常严重。

远程呈现机器人确实有可能使虚拟工作变得更加生动且更加有趣,但它们还没有复杂到让你忘记它本质上是一个支架上的苹果平板电脑。那些期望对常规视频会议、新兴的增强现实和虚拟现实应用程序进行较大改进的人可能会暂时感到失望。

与任何进入企业的新技术一样,领导者应该密切关注组织中哪些人在引入虚拟现实、增强现实和远程呈现以及如何设置、维护和保护这些技术。这和自带设备模式带来的挑战相似,在这个模式中,员工在个人电脑上进行与工作相关的活动,而充分处理这些活动可能会占用的带宽比任何人想要花费在信息技术部门的要多。最重要的是,应该立即建立控制使用的协议,这样你的组织就不会向外界传递专有资料。

聚 焦

远程呈现渗透到旧金山的办公室

有些人知道艾米丽·德莱福斯(Emily Dreyfuss)是著名演员理查德·德莱福斯(Richard Dreyfuss)的女儿。但是艾米丽几年前居住在波士顿,并为总部位于旧金山的《连线》杂志撰稿。在感觉自己错过了办公室文化之后,她决定尝试一下远程呈现。她让老板购买了双机器人公司售价约为2500美元的机器人。在艾米丽的控制下,她的名为埃博的机器人依靠轮子在《连线》杂志总部周围行走。摄像头充当她的眼睛,麦克风代替她的耳朵,扬声器代替她的嘴巴。这个机器人的外观实际上是一个苹果平板电脑屏幕,其屏幕上显示出在波士顿家庭办公室的艾米丽的面容。

起初,艾米丽对埃博的威力充满热情。她喊道:"这太刺激了!我在办公室!这是厨房!这是萨姆!大家好!我来了！在会议桌的另一端我的平板电脑可以追踪对话,进行倾听。"

埃博对艾米丽同事的洞察力产生了有趣的影响。从技术层面讲,机器人让她在办公室里有了自己的实际存在,但这种存在只能让团队成员看到她的脸。因此,很多人不知道她怀孕了,而那些知道她怀孕的人却看不到她日益隆起的肚子。结果艾米丽没有经历职场上许多孕妇所面临的微妙的歧视。

然而,艾米丽意识到,目前的远程呈现技术有其局限性。首先,人们总是在她预期之外接触到埃博,要么是因为它被卡住了需要帮助,要么是人们只是想让它走动。这对艾米丽和她的同事来说都很尴尬。正如一位同事所说:"你知道,当乔抱起你的时候,你的脸出现在屏幕上,这看起来真的很不合适。就像他把你抱在怀里一样。"

埃博在边缘技术方面也有些粗糙。艾米丽有时会听不清会议的内容。当然,机器人需要使用电和无线局域网,而信号强度被证明是一个大问题。虽然远程呈现服务在未来几年必将不断发展和完善,但目前为止同事们和艾米丽本人都更喜欢真人,而非化身。

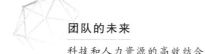
随着技术水平的提高，虚拟现实、增强现实和远程呈现将成为主导21世纪中期劳动力市场的零工经济的有用工具。我们将在下一章了解合同工作的增长对你的组织的意义以及如何有效地发展和管理你的兼职员工队伍。

行动计划

今天就回答以下问题，从而为2030年的未来职场做好准备：

1. 为你的团队带来最佳业务价值的办公室和工作结构是什么？

2. 你的组织目前是否有固定的实体办公室？这个空间在经济方面和环境上是否有利于更分散的劳动力？

3. 你目前的弹性工作制度政策怎么样？如何更新该政策，以更好地满足团队的需求？你如何掌握远程员工和弹性工作制员工的工作效率？

4. 你可以采用哪些策略和技术来提高虚拟团队的效率？

5. 临时团队和群集的大量涌入将如何影响你努力与员工建立的关系和体验？你如何帮助你的员工适应"群集生活"？

6. 如果你能发明一种可以极大改善团队运营的增强现实、虚拟现实或远程呈现的应用程序，该应用程序会是什么样子？这样的应用程序将如何节省时间、金钱和资源？它将如何对员工的敬业度产生积极影响？你预计在使用这项技术时会遇到哪些挑战？

本章总结

· 拥有众多员工的成熟公司越来越认识到共享资源的价值,它们提供有竞争力的实用设施并提供让员工可以按需进入的灵活工作空间。

· 弹性工作制的不断普及使"一刀切"的模式越来越不适用。无论你所在的组织提供何种类型的弹性工作制,你都需要一份清晰而全面的、能够详细准确地说明管理者如何实施它以及员工如何使用它的政策。

· 10年后,各公司将把虚拟团队融入多数部门的运营。然而,仅仅因为你雇用了一个居住在总部外的团队,并为其成员提供设备和访问权限,这并不意味着这个团队就会像住在小隔间的员工一样自动高效地工作。

· 21世纪中叶的工作团队将是虚拟的和临时的。合同工作的增加以及组织的专业化预示着长期合作的稳定团队的终结。人们仍将重视和奖励团队合作,但团队本身将以闪电般的速度组建和解散。

· 虚拟现实和增强现实将在很大程度上推动分布式团队。虚拟现实创造了完全由计算机生成和驱动的现实,而增强现实通过添加数字图像、图形或感觉等虚拟组件作为与现实世界交互的新叠加层来增强体验。与虚拟现实和增强现实发展速度相同的是远程呈现,它允许专业人士将自己虚拟地投射到一个引人入胜的人类办公环境中。

第 五 章

未来的零工经济机制

孤零零的皮卡车行驶在美国农业区中心地带漫长而孤寂的高速公路上。我坐在一间装饰简单的会议室里，透过窗户可以看到一片即将收获的玉米田。我是参加聚会的8个人中唯一的女性，他们是一家合作银行经验丰富的高管。这些领导者想听取我对于雇用"千禧一代"的情况的建议。具体来说，约有一半的员工计划在未来5年内退休，而且该公司在招募来城市碰运气的年轻专业人士时运气不佳。

我告诉他们："要知道你们并非唯一一家遭遇这种情形的公司。看看芝加哥吧。麦当劳、摩托罗拉和卡夫亨氏等很多公司都曾经坐落在郊区，但它们正在搬往'千禧一代'希望生活和工作的市中心。"

执行总裁坚持说："我们就待在这里。"

我说："那好吧，该考虑临时工作安排了。"

我解释说，临时工作安排将使合作银行吸引更多对弹性工作时间、远程工作或虚拟工作感兴趣的员工，以及那些通过零工经济为各种雇主工作的人。

人力资源主管说："不,我们不能雇用这些人。我们现在没有任何合同工。那种情况太复杂了。任何想在公司工作的人必须在周一到周五的上午9点到下午5点待在办公室。在我们的文化中,我们希望见到每个人,与他们建立关系,并进行协作。此外,合同工不像全职员工那样忠于职守。"

这种观点并不罕见。不幸的是,这样的观点在21世纪的商界站不住脚。我告诉合作银行的人,如果想要避免严重的劳动力短缺,他们就需要调整思维,并考虑让临时工加入公司。

我们刚刚讨论了协同工作空间的兴起。当然,这种增长是由越来越多的专业人士进入合同工队伍推动的。在本章,我们将讨论合同工作对雇主和雇员兼具吸引力的原因,我们还将讨论聘用合同工的利弊以及使利大于弊的策略。

合同工的崛起

我们将合同工定义为非永久性地为某个公司工作的临时工人群体,即自由职业者、独立职业人、临时合同工、独立承包商或顾问。零工经济指临时职位很普遍、公司与独立工人签订短期合同的一种经济形态。

凯业必达的一项研究表明,过去10年间,合同工的数量增长了一

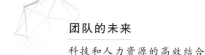

倍多。2017年,51%的组织计划雇用临时工或合同工,这一数字较2016年的47%有所上升。2017年,63%的组织计划将部分临时工或合同工转变为固定员工,这高于2016年的58%。这说明,很多合同工表现非常优秀,公司想要聘请他们成为全职员工。

提到零工经济,大家首先会想到优步司机或跑腿兔上研究课题的竞标者。但是,哈佛大学的研究者劳伦斯·卡茨(Lawrence Katz)和艾伦·克鲁格(Alan Krueger)发表的一份基于美国的研究报告称,零工经济的增长更多发生在线下。2005年,合同工占劳动力总人数的10.7%,到2015年增长至近16%。但是在2015年,线上打零工者仅占其中的0.5%。

除了优步司机或跑腿兔专家之外,合同工主要从事什么工作呢?卡茨和克鲁格的报告显示,在美国,女性、大学毕业生、身兼数职者以及西班牙裔社区的成员占临时工的比例创历史新高。有趣的是,55岁至74岁者中近25%是合同工,而16岁至24岁者仅6.4%是合同工。10年前,合同工中男性更常见。而男性员工中12%是合同工,女性员工中仅为8%。但是现在这一性别模式发生了逆转,女性和男性的比例分别为17%和15%。合同工吸引需要养家糊口的年长者和女性的原因显而易见:这些群体需要灵活安排自己的时间,并且整体上需要较短的工作时间。

教育、医疗、信息服务和制造业在过去的10年里向临时工作安排方面的转变最大,而2005年临时工作安排中工人比例最高的建筑业、专业服务及商业服务等行业几乎没有变化。大多数行业中的高薪工人比工资较低的工人更有可能以独立合同工的身份工作。

克鲁格和卡茨聘请兰德公司抽取大约4000人重新进行了这项调查。调查结果显示出临时工作在各行各业蔓延开来的方式——包括那些与零工经济无关的行业。例如,他们估计制造业、医疗和教育领域的临时工的比例翻了不止一番,制造业领域达到11%,而医疗和教育领域则达到16%。公共管理领域的这一比例翻了5倍而达到10%。行业研究公司IBISWorld在《华尔街日报》的报道指出,法律行业合同工的数量在过去10年中几乎翻了一番,业务流程外包行业(即承包公司)自2000年以来一直以每年4%的速度增长,在2015年的收入达到1360亿美元。

我们已经提及促进合同工崛起的诸多因素。希望获得更大灵活性的人,尤其是那些即将步入职业生涯末期的人正纷纷选择成为自由职业者。许多组织喜欢合同工,因为无须支付与全职员工相同的福利和赔偿金,而且合同工通常只需支付较少的间接费用。最重要的可能是合同工作使公司能够随时随地雇用到需要的人才。换句话说,如果你的总部设在墨尔本,而你在那里无法找到足够的环境工程师,无须担心。如果你愿意雇用柏林的合同工,你可能已经消除了威胁你生存的技能缺口。

尽管如此,包括我在农业区访问的合作银行在内的许多组织都抵制这种趋势。它们普遍认为,合同工不会为公司尽心尽力。但是

IBM智能劳动力研究所2014年的一项研究驳斥了这一观点。该研究抽样调查了26个国家的超过33000名员工,并将合同工与正式工人进行对比。研究表明,合同工比大多数全职员工更敬业,他们甚至比高潜力的全职员工更具自豪感和满足感。鉴于合同工通常不参加全公司范围内旨在提高员工敬业度和生产力的项目,这一发现多少有点儿讽刺。想象一下,如果我们把临时工也纳入这项调查中会发生什么!研究还发现,合同工明显比全职员工更具创新性,而且他们几乎与高潜力员工一样具有创新性。

作为21世纪的一个现代化组织,你如何决定是否聘用合同工,以及在哪些领域雇用合同工?首先你应当了解什么是合同工。你所处的国家不同,具体情况也会有所差异。在许多国家,全职员工和合同工之间存在明显差别,那些对工人进行错误归类的组织将受到巨额罚款。

在许多国家,如果个体符合下列陈述,那么他/她就是公司雇员:

- 个体是公司长期的、不可分割的一部分;

- 个体受雇于某家公司;

- 个体使用公司工具和资源履行工作职能;

- 个体确实接受了公司的培训;

- 个体遵守公司政策和要求;

- 个体获得小时报酬或通过工资获得补偿,雇主扣缴税款;

· 个体有资格获得福利。

在许多国家,如果个人符合下列陈述,那么他/她就是合同工:

· 聘用期限取决于每个项目;
· 个体受雇于许多公司或其他个体;
· 个体使用自己的工具和资源履行工作职能;
· 个体没有接受公司的培训;
· 个体不接受对工作时长或其他要求方面的监督;
· 个体按项目获得补偿,且雇主不会扣缴税款;
· 个体不能享受公司福利。

合同工利弊兼具

接下来,你应该研究引进合同工和建立自己的微型零工经济所带来的利弊。

优点

· 合同工更廉价

这是不争的事实。即使你每小时支付给合同工更多的工资,但全职员工的成本(通常包括福利、税收、保险、办公空间、培训和设备)

会高出 25% 或更多。

· 你可以按需招聘

如果你无法预测自己的工作量,那么雇用合同工会大大降低风险。因为你可以让他们进行短时间的工作,甚至是完成一个项目所需的时间。如果业务下滑,他们不会像全职员工一样失业。此外,他们已经在你需要帮助的领域接受过培训,所以他们可以迅速全面地提高生产力。

· 你不会被起诉

每天都会有劳务纠纷。在大多数国家,全职员工可以因为违反加班规定、性骚扰等各方面原因对雇主提起诉讼,但是合同工没有获得同样的保护。

缺点

· 更难维持你的稳定文化

合同工从本质而言具有流动性,你的员工不可避免地要通过一扇不停旋转的门进进出出。当公司的人员总是变化时,建立一个由值得信赖的员工关系支撑的强大文化可能很困难。

· 你不能制定规矩

员工通常受制于工作绩效预期,如果你想让他们以某种方式工作,作为雇主的你有权提出要求。但是合同工有更多的自由,除非你们的协议另有规定,否则他们甚至可以保留知识产权。

· 政府可能会闻风而至

将工人归为全职工人而非合同工符合多数政府的利益,因为前者能确保更多的资金以税收和保险的形式流入国库。拥有大量合同工的组织应做好被全面调查的准备,并需要证明独立的专业人士确实符合合同工的定义。

但请注意,你可以通过为合同工精心制定策略而不是随意雇用工人来缓解这些担忧。本章的指导以及本章最后的问题将帮助你开始制订一致的、合法的和财政上负责任的计划。

为合同工创建一个财务案例

合同工不可能在任何情况下都适用于所有组织。除非你能给出令人信服的证据,说明合同工比全职员工更具成本效益,否则你的领导可能不会支持你。因此,你在继续工作之前需要思考以下几个问题:

· 你会使用外包公司吗?

如果答案是肯定的,该合作伙伴的成本加上合同工本身的成本,与全职员工完成类似工作的工资和福利成本相比如何?

· 每个工人的单位劳动力成本是多少？

每个工人的单位劳动力成本是根据生产力调整的雇佣成本。例如，如果合同工的工资、福利和间接费用比全职员工低 8%，且其生产率比全职员工低 3%，那么合同工的单位劳动力成本比全职员工低 5%。

· 你的合同工是否需要完成任何培训？

考虑到合同工在培训期间必须得到报酬（但不是创造工作成果），这种培训的费用是多少？合同工在你们组织的工作时长是否值得为他们在培训上花费时间？

· 刚刚聘用的全职员工和合同工完成类似工作的时间和效率如何？

使合同工的敬业度最大化

刚开始与合同工打交道时，大多数组织都会犯下新手错误。在入职和沟通方面，这些组织要么像对待全职员工一样对待合同工，要么完全忽视他们。但是，要使合同工的敬业度最大化，必须要有策略地对合同工进行整合，而且必须精心规划和执行。

首先要了解如何以及从何处招聘合同工。你是否需要聘请一家专业公司？你会依赖跑腿兔这样的网站吗？你的员工以前是否曾与合同工共事过？你将为潜在的员工提供哪些独特的招聘信息？你将如何描述职位所需的精确技能和培训？你将如何通过积极的招聘和入职体验引导应聘者？

理想情况下，合同工应聘者应该与未来的主管和同事面谈。所有参与这个过程的人员都应该清楚应聘者的角色和期望，并且应该强化组织的使命和价值观，这样应聘者从一开始就会明白他/她的贡献对公司整体愿景的重要性。

个别主管必须接受有关如何合法且合乎道德地雇用合同工的教育。例如，一般而言，在过去一直使用内部人才的情况下不应该雇用合同工，保密性占据首位的情形下也不应该雇用合同工。为了避免合同工长期"在员工中"工作，主管们应该实施并执行期限限制。你的组织不应是单个合同工的唯一客户，合同工不应拥有永久的办公空间或下属、正式头衔或名片、员工的身份证明。

根据组织的规模，拥有能够管理和支持零工经济的内部或外部资源以及与合同工进行互动的全职员工是合理的方式。我将在本章讨论一家专门为此目的而创建的新公司。

一旦你克服了最初的障碍，频繁的沟通会成为你的合同工持续成功的最关键因素。鉴于许多合同工不会每天都进入办公室，你将不得不付出额外的努力，以建立融洽的关系，并询问关乎他们个人和职业的事情。那些合同工管理者或与合同工共事的人应该通过电话、视频聊天或即时通信至少每周与其联系一次。电子邮件绝不应该是唯一的交流方式。

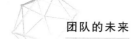

团队的未来

科技和人力资源的高效结合

　　尽管承认全职员工和合同工之间的区别很重要,但你仍然应把合同工视为你的团队成员。应该认可合同工并公开承认他们为项目的成功做出的贡献,让他们了解影响其工作的相关事件,询问并对他们的反馈采取行动,而且让他们参与关键的策略会议和事后评估。就合同工顺利完成工作所需的工具和技术与之交谈,即使最终他们必须自己购买这些工具。

　　当你的组织聚集在一起进行面对面的团队建设活动时,邀请你的合同工参与进来。尤其是当合同工就在附近时,你可以邀请他们参加任何轻松愉快的庆祝活动(假日派对等),这样可以加深各方的关系。合同工应该处于适当的位置并能充分了解组织的文化,这样当组织给他们提供成为全职员工的机会时,他们能够做出明智的决定。

　　也许最重要的是,即使你的合同工在技术上是"供应商",也不要将其视为"供应商"。管理人员和正式员工应该像尊重全职员工一样尊重合同工,并给予其公平的报酬和评价。作为一个领导者,你需要表明你重视合同工的贡献,以及你不是一个总是需要占上风的苛刻客户。

聚　焦

自由职业者管理系统与时尚领航员公司

"自由职业者管理系统"（Work Market）是一个基于云技术的在线工作中介，它使组织跨越一系列职业类别，对合同工进行组织和管理。该服务使用移动技术，使组织能够审查、加载、分类、匹配、查找并执行工作任务以及部署、评估和付酬给工作人员。自由职业者管理系统最近宣布，它已经从埃森哲公司和晶圆集团筹集了 2500 万美元，而且还与其建立了伙伴关系，从而为埃森哲云服务客户提供构建"熟练人才的劳动力云"的方法。

在其案例研究"自由职业者管理系统帮助推广营销公司扩大自由品牌大使劳动力规模"中，该公司描述了它如何帮助时尚领航员公司（Tastemakers）的首席执行官兼创始人乔安娜·洛佩兹·宫木（Johanna Lopez Miyaki）建立并管理强大的独立员工队伍。成立于 2006 年的时尚领航员公司最初的客户群是精品和高档酒水公司，后来扩展到服务时尚、生活方式和食品品牌。公司的服务包括从产品发布和产品演示到影响力事件和移动旅游的所有内容。该公司的核心是作为客户的销售和营销团队的延伸部分。

在身边小团队的支持下，宫木着手组建一个包括品牌大使、代言模特和现场经理在内的广泛人才网络。她在案例研究中说:"我们过去常常把所有人才都招为员工,但这在后勤方面颇具挑战性,因为我们的工作在本质上主要是以项目为基础。此外,所有的管理任务都是人工完成的。跟踪我们的区域营销团队的数百名员工分配任务和处理薪资正慢慢成为一个沉重的负担,而我基本上变成了一个只有一个人的人力资源部门。"时尚领航员公司开始与新兴品牌合作,并赢得了跨国公司金巴利(美国)、宾三得利和哥伦比亚广播公司媒体集团的业务。

宫木搜寻了一种能帮她管理时尚领航员公司的独立劳动力的技术解决方案,并选择了自由职业者管理系统。她说:"能够实现这么多管理功能的自动化对我而言非常有价值。自由职业者管理系统帮助简化了日程安排、报告和支付流程,并节省了时间,这样我可以致力于公司建设。"自由职业者管理系统还为宫木提供了利用合同工完成较长期项目所需的灵活性。在遵守劳工法规的前提下她聘请了几位顶级合同工担任项目经理。"自由职业者管理系统使我能够在公司业务起起落落的同时,利用随需应变的人才扩大员工规模。"

　　宫木还广泛使用自由职业者管理系统的管理工具。她说："过去我花费大量时间给合同工发送提醒。现在我可以轻松地向整个团队发送通知和推送提醒。"除了有效跟踪团队的任务、自动支付以及管理报表和发票之外，宫木还使用了自由职业者管理系统的数据可见性和聚合功能。"我通过系统发送的所有工作都会被永久记录下来。如果没有自由职业者管理系统，我就必须自己维护所有这些信息，或者付钱给第三方供应商来存储这些信息。"

　　自由职业者管理系统的解决方案帮助宫木的公司提高了合规性，并降低了被审计的风险。她说："通过自由职业者管理系统寻求合同工是一个巨大的价值来源。这不仅降低了我的合规风险，而且有助于消除在处理各种劳动法规时的一些疑虑。"

　　事实证明，机动性的最优化对于时尚领航员公司至关重要。宫木说："我的团队住在野外，那么能够随时在旅途中上传可交付成果和照片就非常重要。合同工甚至可以通过自由职业者管理系统的手机应用提交他们的费用报告，这非常方便。"

团队的未来

科技和人力资源的高效结合

让你的团队准备好成为未来的合同工

就职于当今公司的多数人都愿意相信最好的员工会永远留下来,即使读过类似本书的其他书并客观地了解事实并非如此,人们仍会这样想。你可能不愿意就未来的合同工作向员工提供建议,假设这类教育不符合组织的最佳利益。

然而,通过帮助你的员工了解如何在零工经济中取得成功,在业务发展过程中你肯定会获得更强的合同工资源。掌握了合同工相关技能的员工也会更善于加入我们之前谈到的临时团队或群集。

你的第一任务是什么?那就是奖励员工的工作自主性和自律性。有些员工天生不擅长独立启动和完成项目,但这是熟练合同工的标志性技能。虽然老板可能更容易对这类员工进行微观管理,但在一个要求员工独立的未来职场中,充当拐杖不会对他们有任何好处。

其次,提供销售经验和市场营销的机会。大多数全职员工在失业后不会自我推销,不会推销自己的技能或贡献,但合同工必须自始至终这样做。你的员工应该有足够的机会来练习明确表达他们的个人价值,并为他们的个人项目争取支持,而在和上份合同同样好的环境中的销售经验通常会对他们有所帮助。

许多组织巧妙地为员工提供一流的培训选择,但员工应该对自己要获得什么技能以及何时和为何获得该技能拥有主动权。作为未来的合同工,没有组织会为他们提供免费学习课程、承诺免费午餐。

如果合同工想要或需要获得某种技能,他们就需要去搜寻课程、支付课程的费用并安排课程的学习。全职员工至少应该习惯这种观念。

员工通常很难适应独自工作带来的身体和情感上的孤独。作为一名合同工,你通常不能在办公室人员的闲谈中对虚拟的或其他类型的同事表达同情。没有一群资深人士为你提供建议和指导,也没有同事与你有同样职业经历或者最近处理过类似的工作任务。

集体是一群在相似领域工作的定期聚在一起讨论职业话题和问题的独立工作者或角色。他们通常来自第三方行业协会和线上社交网络。现在就加入一个集体(例如通过 Meetup.com、WeGoDo 或 Smacktive 应用程序),那么当组织的骨干离开时,你的团队成员将知道去哪里寻求支持。

大多数合同工都与现有客户或者过去共事过的人开展业务。换句话说,良好的关系将决定一家新的咨询公司的成败。但是当你在一家成熟的组织工作时,你根本不需要在人际关系上那么努力。当你加入公司时,你就会得到很多。如果一段关系破裂了,你的工作通常不会受此影响。即使在你离开组织时与大多数同事失去联系也没关系,因为你能够在新公司里依靠一群新朋友。你可以明白为什么这对于一个潜在的合同工来说是错误的态度,所以要做好准备,让你的团队成员练习培养和维持组织内外专业关系的广度和深度。

你可以考虑利用现有的合同工担任团队成员的导师。学习如何成为一名成功的合同工,最好的方法就是和公司正在做你的工作的人和发展良好的人交谈。如果你的团队成员特别有进取心且独立，那么要对未来合同工作的可能性持开诚布公的态度。建议他们与目前在其领域内工作的自由职业者举行会谈，从而拓展他们在临时工作安排方面的技能和知识。

我们将在第六章思考未来的职场人士将如何更加频繁地改变他们的工作重点和职责。如果你的同事多年（甚至几十年）都处于同样的困境，那么鼓励他们打破这个困境，并设定他们的职业和任务的方向。你可以询问："如果你现在必须开办自己的咨询公司，你想从事什么项目？"然后看看他们如何在你的组织环境中发展。

最后，提供正确的金融和法律教育。大多数合同工不知道如何理财。毕竟，以定期支票的形式拿到工资是很简单的。如果你只为一个组织工作，那么税务问题就更简单了。退休金和其他福利呢？对于全职员工来说，它们只是神奇地出现了。在大多数国家，咨询公司的财务和法律体系要复杂得多，而且往往难以管理。不管他们未来的合同工身份如何，为员工提供个人财务和法律咨询都是一项有价值的福利。

失去合同工作时：全民基本收入是一种解决方案吗？

我们在前面了解到，成为全职员工比成为合同工容易得多。有些职业人士会接受这种生活方式，有些则不会。随着各组织纷纷裁员,并选择合同工,以及一些行业因自动化而缩小规模,许多曾经的全职员工可能无法挣到足够的钱养活自己。

这一潜在现实让许多人开始讨论全民基本收入这个并非刚刚提出的概念。18世纪90年代末期,美国政治家托马斯·潘恩(Thomas Paine)呼吁每年向所有国民支付15英镑,以换取拥有私有财产的权利(当时英镑在美国仍被用作货币)。然而,进步的芬兰是第一个正式将其付诸实践的主权国家。从当时领取失业救济金或收入补贴的人群中随机抽取2000名芬兰公民,每月支付给他们560欧元。每个人不管工作与否,都会获得同样数量的钱。该试点将持续到2019年,并可能最终包括所有芬兰人。

有人认为,全民基本收入可以把未来的工作自动化从一个可怕的前景转变为一个自由的前景。"联合广场"投资公司的合伙人阿尔伯特·温格(Albert Wenger)在Fivethirtyeight.com上分享了他在《资本后的世界》(World After Capital)一书中的见解。他说:"我们应该在可以实现自动化的任务上花费较少的时间,而把更多的时间放在那些没有得到充分解决的问题上:应对气候变化、探索太空、预防下一轮全球流行病。有了基本收入,你的所有时间就都属于你,那么你就会有所创新。"

Fivethirtyeight网站报道了温格关于基本收入的演讲。他在演讲中向听众提出了两个简单问题:你的一生真正想做些什么? 你在做你真正想做的事情吗? 温格说,无论答案如何,基本收入是实现这些

目标的手段。如果人们无须担心收支平衡，他们就可以追求自己想要的生活。

这听起来很高尚，但是有没有证据表明全民基本收入确实有用？令人惊讶的是，确实有这方面的证据。弗劳尔斯（Flowers）发表在Fivethirtyeight网站上的文章提到，加拿大的一个小镇为我们提供了最好的研究。从1974年到1979年，加拿大政府与马尼托巴省合作进行了一项实验。结果是达成一个实验性的加拿大基本收入项目，它为道芬和其他几个农村社区每一户符合条件的家庭提供有保障的年收入。该项目使多数受助人的收入超过了加拿大的贫困线。多数有全职工作的主要收入者并没有辞掉工作。相反，经济压力的减轻让参与者过上了更健康的生活，使他们可以明智地规划自己的未来。

Fivethirtyeight网站还分享了1968年至1980年间在美国进行的四次负所得税实验的结果。来自科罗拉多州、印第安纳州、爱荷华州、新泽西州、北卡罗来纳州、宾夕法尼亚州和华盛顿州的家庭被分配到实验组和对照组。几年来，这些家庭得到现金，并被跟踪调查。被称为负所得税实验中的这些试点家庭确实显示出工作投入度的小幅下降（主要收入者的劳动量下降了5%至7%，次要收入者的劳动量下降幅度略大）。但正如加拿大基本收入项目一样，没有人会直接辞职。如果参与者确实减少了其工作时间，他们通常会有效利用这些时间，为教育和专业发展服务。

尽管2016年瑞士投票否决了全民基本收入运动提出的实施方

案,从而使之暂时陷入停滞,但没有迹象表明它会消失。包括加拿大、法国和荷兰在内的更多国家正在计划有限实施这一方案,美国的创业孵化器Y Combinator也启动了一项关于基本收入有效性的小型试点研究。

所以,如果你相对年轻,那么某种形式的基本收入很有可能在你的有生之年成为现实。对于合同工而言,基本收入将为他们在与雇主的谈判中提供优势,使他们不用担心就业方面的负面后果,他们将拥有创新的自由,并使他们在必要时可以缓冲,从而调整自己的处境。

基本收入对一些人来说听起来就像电视剧《黑镜》(Black Mirror)里的一幕,数百万人整日坐在沙发上,百无聊赖、无精打采并惹是生非。确实如此。到目前为止,还没有广泛科学的严格测试方法。但我希望,如果各机构继续以它们现在的速度取得进展,基本收入可能会成为那些被排除在零工和全职经济之外的人们的一个解决方案。

当然,还有一种情况就是我们所说的劳动力已经消失,但是基本收入也没有必要。《四个未来》(Four Futures)一书的作者彼得·弗雷泽(Peter Frase)是所谓的"后工作主义者"中的学者和经济学家中的一员。他提出,人们努力工作是因为当效率不高时,他们的文化使他们感到内疚,而且当工作不再是规范时,这种内疚会逐渐消失。未来猎人公司的报告《工作创造》指出,在一个以一系列活动和创造性工作为特征的经济中,人们不再仅受物质报酬驱动去工作,不那么被动且更有"营养"的大众休闲形式能够得以发展。

当然,这种情况下不仅有乌托邦的观点,也有反乌托邦的观点。未来猎人公司认为:"乌托邦的观点是繁荣的创造力和自由以及更多的社会福利;反乌托邦的观点是大量的人无所事事、公民自豪感下降且极度的孤独和无聊。乌托邦主义者认为,人们可能会花费更多的时间照顾家庭和社区,且自豪感来自人际关系而非职业;反乌托邦主义者认为,即使在一个富裕的经济体中嫉妒也会持续下去。"

　　你认同哪一种观点?

《华盛顿邮报》"人才网络"平台

　　世界上最大的报纸之一《华盛顿邮报》推出了"人才网络"(Talent Network)平台。该平台一部分是社交网络,而另外一部分是求职公告板,其设计目的是使《华盛顿邮报》的编辑能够轻松地为博客、突发新闻和不同部门的长篇专题报道征集并聘用撰稿人。该系统包括自由作家简介、样本等,能让自由作家切合具体部门和编辑的提议进行稿件构思、琢磨《华盛顿邮报》想要追求的故事类型,确保编辑知道自由作家的主要工作地点,以便快速部署,追踪具有时效性的事件。

　　NiemanLab.org 的贾斯汀·埃利斯(Justin Ellis)认为,这个平台是《华盛顿邮报》副主编安妮·科恩布洛特(Anne

Kornblut）的创意，安妮在斯坦福大学约翰·S.奈特（John S. Knight）新闻奖学金项目中开发了该系统。安妮之前在《华盛顿邮报》的部分工作涉及与自由作家辩论的棘手任务。寻找合格的外部人才从来都不是一件容易的事情，但当重大新闻爆发且媒体机构必须找到当天就能开始工作的资源时，这尤其具有挑战性。

　　"人才网络"平台是专门为满足《华盛顿邮报》的需求而定制的一个全新系统。它的一个主要成就是对自由作家的聘用标准化，并使所有人都能轻松获得合格的资源。"人才网络"平台推出之前，所有的文字编辑都有自己稳定的自由作家团队，他们不用去寻找合适的资源，但现在编辑部的情况却不一样了。如果合适的话，可以跨编辑部和地理区域部署自由作家。新系统也帮助《华盛顿邮报》留住了一些自由作家，因为他们觉得自己是团体的一部分，并有机会从事稳定而且赚钱的工作。

　　《华盛顿邮报》在有效聘用合同工之外还掌握了职业个性化的艺术。它明白每个专业人士的职业生涯都是不同的，而且它必须利用人们时下所处的位置和他们所能提供的东西。我们将在下一章讨论

为什么"一刀切"的职业模式相关性越来越低，以及如何使用个性化方法培养员工的跨职能技能和追踪他们在组织里的长期任职状况。

行动计划

让我们今天就回答这些问题，以确保你为 2030 年的职场做好准备：

1. 当今你的组织中谁在聘用合同工？这些合同工的作用是什么？这些合同工的来源以及入职过程如何？这一过程是否有效、可以衡量？

2. 你的高层领导是否支持公司零工经济的发展？支持或不支持的原因何在？你如何让他们了解合同工的价值？

3. 你所在的国家管理合同工的法律是什么？你是否确信自己能够合法而又合乎道德地使用合同工？

4. 你的组织目前的结构是否支持独立劳动力所能提供的全部好处？需要做出哪些改变才能取得最大成功，并避免主要陷阱？

5. 技术在促进有效的合同工作方面发挥什么作用？你的信息技术基础设施是否足够成熟，以满足独立员工的需求？

6. 对于让组织的员工在零工经济或全职工作之外的工作环境中做好准备，你有什么看法？你认为这是很重要的还是在浪费时间？为什么？

本章总结

· 过去10年间,合同工的数量增长了一倍多。2017年,51%的组织计划雇用临时工或合同工,63%的组织计划将部分临时工或合同工转为固定员工。

· 许多因素正在促进合同工的崛起。希望获得更大灵活性的人,尤其是那些即将步入职业生涯末期的人正纷纷选择成为自由职业者。组织喜欢合同工,因为它们无须支付与全职员工有关的福利和赔偿金。合同工使公司能够随时随地聘用到需要的人才。

· 你所处的国家不同,合同工方面的具体情况也会有所差异。在许多国家,全职员工和合同工之间存在明显差别,那些对工人进行错误归类的组织将受到巨额罚款处罚。

· 大多数组织要么像对待全职员工一样对待这些合同工,要么完全忽视他们。但是,要获得独立劳动力的全部好处,必须对合同工进行策略性整合,且必须精心规划和执行。

· 通过帮助你的员工了解如何在零工经济中取得成功,你将确保在业务发展过程中可以获得更强大的合同工资源。有些员工天生就不擅长独立启动和完成项目,但这是熟练合同工的标志性技能,并且你必须对拥有此技能的员工进行奖励。

第 六 章

冒险的选择——职业个性化

晚上11点多,我正在芝加哥郊区家里的办公室里与一位上海的25岁的温小姐通电话。目前,我在一家全球顶尖的科技公司担任职业顾问,我的工作是培训新入职的100多名20余岁的具有发展前途的员工。培训大多是通过一对一的电话进行,这些员工大多来自中国和印度。

　　我们公司在每个具有发展前途的年轻员工身上都会投入重金——这确实花费了大笔资金!这些资金都花在漫长的招聘及对他们进行的数周培训上。就亚太地区而言,公司如果在孟买招聘了10名员工,则会在北京对他们进行培训,他们在北京所有的费用都会由公司承担。我们在每个地区都采用线上和线下结合的培训方式,培训内容也会定期更新,以使每位新员工都能得到我的培训和高层领导的指导。据我的估算,公司第一年在每位新员工身上花费的费用大约有5万美元,相当于普通员工年薪的一半。

　　因此,你可以想象,当我接到仅入职8个月就要辞职的温小姐从千里之外打来的电话时,我是多么失落。温从一所中国顶尖大学的计算机科学专业毕业后就被招聘到公司,但在尝试了一段时间的编程工作后,她发现自己并不喜欢编程。"除了辞职,我别无选择,"温惋惜地说,"我虽然喜欢这家公司,但我在这里什么都干不成。"

　　这种想法多么可笑。公司有10万余名员工,仅上海办事处就有数百名员工。任职期间,我接触了从总部各机关到研发部门的数十个部门员工。我对温说,"如果说有哪家公司能让你轮岗,并让你发现适合自己的工作,那就是这里"。但遗憾的是,即使公司已经在他们身上投了很多钱,公司目前并没有设立合适的机构来挖掘有志青年的潜力。一般来讲,如果你入职时是程序员,公司就希望你一直在程序员的岗位上干下去,直到你达到一定的水平。公司的制度就是如此。我本想同意温的辞职申请,但我还是决心挽留她,让她到公司的各个岗位看看,看有没有她感兴趣的工作。

　　通完电话后,我便安排温与上海办事处人力资源、财务、市场运营和营销策划等职能部门的总监见面。几个月后,终于有一位营销主管对温能把计算机知识有效地应用于营销的才华欣赏有加,在营销部给温安排了一份工作。于是,温便得以继续留在公司施展才华。也许根本就不会有人想到,一个程序员出身的小姑娘最终竟成长为中国区国际营销团队的联络员。将数据分析程序应用于搜集客户市场的细分信息并不是一件容易的事,但温确实做到了,虽然这条路对

她而言并不轻松。尽管她最终取得了成功,但她也多次碰壁,反对她的人认为,聪明人应该沿着公司的职级持续上升。

像温这样的故事在职场并不稀奇。如今这个时代是一个职业个性化时代,每一位员工的职业道路都不尽相同。不管你在学校里学什么专业,或者你现在的老板给你安排了什么样的工作,你都会在不同环境或不同学科中扮演不同的角色。而且,要想留住像温这样的顶尖人才,作为领导的你应给新员工提供多种工作的选择机会。

在21世纪初的全球经济萧条期,许多公司都停止了招聘和提拔员工,这就意味着即使是那些业绩优异的员工,多年来也没有升职和加薪的机会。虽然现在的经济已有起色,但公司原有的那些具有丰富工作经验的员工却早就辞职了。2017年,美国求职网站"玻璃门"(Glassdoor)为查明员工跳槽的原因,对5000名离职员工进行了调查。研究发现,缺少升迁机会、在一个岗位上长期停滞不前是员工离职最根本的原因。研究还发现,即使在薪酬、行业、工作岗位和其他因素相同的条件下,在同一份工作上待的时间越长,员工越有可能跳槽。此外,在同一岗位待的时间每延长10个月,就会进一步增加员工离职的可能性。

然而,只是给员工更多的升迁机会并不一定能从根本上解决员工的跳槽问题。巴克莱公司近期的一项研究报告表明,现在的员工为了获得更多的工作经验,更有可能选择横向跳槽。该研究显示,在34岁以下的员工中,有24%的人已从事过四个行业;而在65岁以上的员工中,有59%的人一生跨界换过三次工作。如果员工能在他工作的单位中找到此类横向发展机会,就不太可能跳槽到其他公司去寻找发展机会了。

十几年前,德勤会计师事务所提出了职业个性化或公司扁平组织结构理论。据该公司的莫莉·安德森(Molly Anderson)、卡西·本科(Cathy Benko)和苏珊娜·维克伯格(Suzanne Vickberg)称,一个世纪以来,公司职位晋升一直是塑造公司运营方式的重要标准。他们还在文章中写道:"公司阶梯的层级结构决定了信息的流动方式以及谁最有发言权,如果你能一直爬到公司顶层的话,就意味着你已取得了成功。这种'一刀切'的判断方法认为,员工们大都差别不大,职位的高低是衡量其业绩好坏的标准。但是,如今的职场已今非昔比了。"德勤会计师事务所提出的大规模职业个性化或公司扁平组织结构模型源于一个数学概念,它是一个可以向任一方向无限延伸的三维结构,体现了企业在知识经济下实现成功运行的多向性、灵活性和广泛性。稍后,我们将就如何使公司变得更加扁平化和敏捷化,以及晋升机会减少的原因进行讨论。鉴于此,再加上前文曾提及员工对横向职业生涯感兴趣,许多公司已开始拓宽职业路径,实施有计划、跨职能的职业变动,以给员工创造更多的掌握多元化技能的机会。德勤会计师事务所提到的最典型的案例就是美国奥睿律师事务所。奥睿的组织机构就是扁平化的,它可以给员工提供多种职业选择机会。职业个性化就是指个人可以根据自己的兴趣、目标以及生活需求来

调整职业,以利于自身的发展。

在撰写本书的前几年,我曾有幸与德勤合作过,有机会了解职业个性化模型。尽管德勤为该模型进行度量后发现,那些扁平化公司留住人才的比率比非扁平化公司高两倍,但有位员工的故事更能引起我的共鸣。如我曾经有一位合作伙伴叫丽萨,在20世纪80年代她开始了审计顾问职业生涯。成为部门经理后,她才发现自己对人才培训感兴趣,于是便调到了人力资源部。几年后,德勤商学院聘请她主管大学全球推广项目,她也做得风生水起,之后就开始做公关。丽萨有一个专门的办公室,她整天沉浸在工作之中,只有在育儿期才转成兼职。当她为外地公司工作时,她都是远程工作的。

到目前为止,丽萨已在德勤工作了近30年,而且令人赞叹的是,在这30年间,她从未想到过要跳槽。这主要归功于德勤采取了鼓励员工内部调岗以提高员工自身的技能,并使其以具有挑战性的新方式为公司创造价值的举措。

也许现在听起来丽萨的故事有些不寻常,但在未来的职场上,这种情况将会变得再寻常不过。如果公司像德勤这样已抢先一步采取了扁平化管理,就没必要担心了。在本章中,我们将讨论如何促使企业采取横向或扁平化管理,以培养员工的跨职业能力,使工作和生活协调发展。

假如你是一名职业个性化新手。你应该从哪儿着手?以下步骤或许会对你有所帮助:

· 想一下你能做什么

如果仅告诉你的员工"你想干什么，尽管提出"，这并不是好办法。当谈及工作经验、环境结构以及技能获得时，告诉人们应该选择什么或许更好。假如有位员工想获得国际经验，你就可以建议该员工到公司的海外部门去工作；如果有员工想学习新技能，但不想去外地，则可以建议他跟随国际专家实习。

· 建设扁平化组织文化

职业个性化是一回事，但要获得成功却是另一回事。在后面的章节中，我们将讨论如何将绩效评估战略与个人职业目标的实现联系起来。公司内部舆论和首席执行官都应鼓励员工选择灵活、横向的职业道路，并制定措施，对有突出成就的员工（在公司内部许多部门都干过，终身都在公司任职）和高管给予奖励。

· 鼓励员工制订1~3年的职业规划

如果大多数员工都对自己目前的工作不满意，只想变换工作，就会给企业带来混乱。费城的一名人力资源顾问托努什里·蒙达尔（Tonushree Mondal）在英国广播公司期刊集团的《资本》杂志上发表了一篇文章，他写道，"如果只考虑个人，不考虑全局利益，你就会觉得不管跳多少次槽都是你的权利。但是，制订一个长期职业规划是有助于你实现你的最低目标的"。

· 考虑弹性工作制

在第四章我们就各种工作类型及弹性工作时间进行了讨论。作

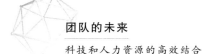

为一名企业领导,你需要根据员工的要求有针对性地进行工作安排。秉承职业个性化精神,你需要了解员工想在什么岗位上工作,想选择哪些时间段工作。尽管你没必要满足每一个人的要求,但你会发现,满足员工的诉求有利于拓展他们的视野,提高他们的敬业精神和对企业的忠诚度。

· 以技术作支撑

人才管理软件供应商 Talent Guard 的首席执行官琳达·金纳克(Linda Ginac)和 IBM 公司的工作、技巧和能力领域专家大卫·肖(David Shaw)认为,建立一个具有人才技能评估功能的个性化门户网有利于员工和企业的沟通,有利于员工相关工作能力的提高,还能使员工及时了解企业到底需要什么样的员工。该网站可以根据经理的反馈意见,对员工的技术水平(初级、中级或高级)进行评估,并根据评估数据给员工职业路径的选择提出建议。结合这些建议,网站还提供了职业培训、目标确定、水平测试等一系列服务。该项交钥匙式的技术培训,有利于员工职业个性化的实现,也方便了企业对员工的管理。

既然德勤声称职业个性化更有利于吸引和留住员工、更适合当今复杂多变的商业环境,那么,学术界对此又有什么看法呢?巴斯大学的马特吉斯·巴尔(Matthijs Bal)、阿姆斯特丹大学的保罗·格温·詹森(Paul GW Jansen)和阿姆斯特丹自由大学的马尔科·范·克莱夫

（Marco Van Kleef）在《组织行为》杂志上联名发表了一篇文章，分析大规模职业个性化系统对员工工作态度和职业选择的影响。他们认为，职业个性化系统作为一种人力资源系统是确保员工热爱自己的工作、忠于企业，并在职业生涯中取得重大成功的关键。研究表明，随着时间的推移，大规模职业个性化系统确实提高了员工的敬业度，并与当年较高的忠诚度呈正相关；此外，系统用户的绩效评级也高于非系统用户。巴尔和他的同事在文章中写道："就使用大规模职业个性化系统的员工而言，他们自身的职业期许和企业对他们的期望更具一致性。随着员工工作投入度的提高，他们在工作中取得的成就也越来越大，这样，较高的敬业度就转化为职业成就感。"

服务期和岗位调动

大规模职业个性化产生的必然结果是员工要有一定的"服务期"。"服务期"这一概念是由领英的联合创始人、《联盟：网络工作时代的人才管理》（The Alliance: Managing Talent in the Net-working Age）一书的作者里德·霍夫曼（Reid Hoffman）提出的。服务期是指员工在一定时间内在一个组织内连续担任不同的职务，或连续在不同的组织内担任不同的职务，以达到提高技能之目的，或从一个组织内的全职岗位上休息或全部调离。

员工在一个企业内的服务期通常为 2 至 5 年。经理和员工们心

里都明白服务期满后,他们可能会从企业离开。霍夫曼在《哈佛商业评论》中写道:"虽然新的契约关系可能不能永久,但劳资双方仍需建立信任和投资关系。劳资双方追求的是联盟共赢,而非严格的忠诚关系,因此,作为盟友,劳资双方都应努力为彼此增加价值。"

在服务期内,你最好能够掌握某项新技能或发现创业机会,例如能够制造或推出某项新产品、改良现有业务流程或推动组织创新。无论如何,契约都是至关重要的,服务协议应由经理和员工协商签订,而不能由人力资源部门代劳。

规定服务期时也可以和其他岗位调动相结合,例如可以结合产假、陪产假、事假、轮休假和阶段性退休。如今,大多数企业都会为员工安排上述假期,以作为员工服务期内的福利待遇。但是,大多数企业并没有规定各种假期后的调岗事宜。相反,员工本人则会向公司提出申请,请求公司把自己的工作调换给他人,然后就离开休假了,待休完几个月假期后再回来工作(在退休的情况下就不再回来了)。如果你想让你的员工休完假后再回来,就必须思考如何利用调岗来拉近与员工的关系。你可以尝试了解并解答以下问题:

· **产假/陪产假**

员工希望在休假前把哪些工作做完?员工休假回来后给他/她安排什么岗位?怎样才能让员工轻松度过假期?我们应采取哪些措施确保员工在返回工作岗位后顺利进入工作状态?

· **事假**

在困难时期,我们该如何帮助员工解决困难? 能否提供什么帮助? 当危机过后,我们如何维护员工对公司的忠诚度? 我们将采取哪些具体步骤,以确保员工在返回工作岗位时顺利进入工作状态?

· **轮休假**

休假期间,员工应学习哪些技能,怎样才能将这些技能直接应用到工作中? 我们该采取何种措施鼓励员工学习这些技能? 如何确保员工在休假期间仍感觉自己是公司的一分子? 我们应采取哪些具体措施确保员工在返回工作岗位时顺利进入工作状态?

· **阶段性退休**

员工目前的角色和全职员工的角色有何不同? 为什么员工想要阶段性退休? 为什么该员工的知识对公司那么重要? 该员工对公司最重要的贡献是在哪些领域? 该员工未来会做什么,是否会和我们的期望一致?

聚　焦

美国海军职业中断程序

在母校西北大学参加一次交流活动时,我问小组的人为什么很多单位都不轮休。"给员工轮休假,单位会有什么损失呢?"我说,"在我看来,支持员工在假期学习其他技能是留住你所重视和信任的员工的好方法。"

一位与会者回应道:"是的,我们现在就是这么做的。"

我很惊讶,因为说这话的女士是一名美国海军高级军官。"我认为政府部门才不会做这种事情呢",我嘀咕道。事实上,政府在雇佣员工时常常采用终身雇佣制,也就是说,当你大学毕业进入某个政府机构,几十年后,当你头发花白时仍在该部门工作,直到退休后还靠该部门发的微薄的退休金度日。

但就在几年前,美国海军决定做一些创新。首先,领导得了解士兵想退役的原因。经调查发现,这些士兵并非不喜欢海军这个职业,而是因为一生都在海军服役的话,他们得做出牺牲,包括频繁地调动到偏远地区以及在亲人最需要自己的时候无法与他们相厮守。

美国海军领导层意识到我曾在网络会议上提到的问题:针对你的已知对象——有巨大贡献者,如果你想要留住他们,就应该给他们选择权。于是,美国海军在20世纪末便创建了职业中断程序来解决海军工作或生活中的问题。从此,每年都有20名海军军官和20名现役士兵可以在服兵役期间休假,过渡到预备役,最长3年。尽管目前美国海军全体官兵中仅有一小部分人享有此权利,但随着职业中断程序的不断完善,将会有更多的官兵享有此项权利。

在休假期间,海军官兵及其家属仍享受全部医疗保险、牙科福利、军资用品、海军福利以及相当于现役基本工资一小部分的月津贴。另外他们还可申请换一次岗位。休假结束后,他们可以和同一经验水平的现役成员竞争晋升选拔。换言之,士兵不会因休假使职业生涯受挫。这点对于需要休假但又担心被同事"碾压"的有雄心的员工来说尤为重要。

当看到职业中断程序实施后士兵的留任率不断创新高,美国海军便决定将该程序扩展至更多的海军官兵。也许在不远的将来,每一位入伍的士兵都会享受到假期福利。

培养跨职能专业技能

过去你团队的所有成员可能都在做同一种工作,但现在的情况与过去迥然不同。现代的组织变得越来越不那么孤立了,这意味着当今的专业人员不得不和其他部门的专业人员开展密切合作,且最好的合作方式就是理解和欣赏他人。

对于雇主而言,这就是跨职能专业技术人员或知道如何在各个领域开展工作的人员的价值比以往任何时候都要高的原因。这些人不仅可以帮助你的团队完成任务,还可以提高团队在业务内外的信誉、声誉和形象。

但是,你也不能袖手旁观,等待跨职能专业人才主动投到你的门下。企业领导可采取多种办法鼓励员工拓宽专业知识,这也是职业个性化过程的一个重要组成部分。

· **建立组织的轮岗制度**

一些较大的组织已经制订了轮岗计划(见上一部分"聚焦"),如果你的组织还未制订,你仍可以将其纳入你的员工发展计划中。通过非正式协议,你的员工可以和另一团队合作一天或一周,参加其他部门的会议,或与多个部门合作完成既定任务。

如果你对轮岗不太熟悉,也可以从一个已具有协同效应的领域开始。假如你是人力资源主管,而你招聘的又是客服岗的员工,那么你可以让新聘任的员工到呼叫中心工作一段时间。这样不仅能提高新员工的服务技能,而且还会使他/她对工作要求有新的认识。请注意,轮岗不一定发生在实体环境中,随着视频会议和远程通信技术的发展和普及,远程轮岗也会变得更加容易实现了。

部门内部员工的调动或许更加容易。以招聘主管为例,招聘主管是否应跟踪关注新招聘人员的培训、发展、福利和岗位呢? 让员工在团队内还是团队外轮岗主要取决于你设定的主要目标：你是想培养所在领域的专业人才，以备不时之需，还是着眼于组织未来的发展？抑或是培养多才多艺、具备应对未来职场需求的领导者？

· **测试下你的团队成员对其他部门的了解**

我们应将团队成员对团队的充分了解列为重中之重。假定他们想要面试另一个职能岗位，就要敦促他们学习相关的线上和线下材料。例如，营销岗员工是否了解应收账如何追收等。处理供应商的发票时，这些知识对他们肯定有所帮助。

· **确定员工的兴趣，为其指明正确的发展方向**

如职业个性化一样，你应了解你的新员工对哪些职位感兴趣。或许他刚进入公司时会认识不同部门的新入职的同事，要提醒他们彼此间保持联系，以进一步了解对方的工作性质和对方所接受的培训内容，激发他们对新技能的兴趣。接受交叉培训既有利于职位的升迁，又有利于提高组织的外部竞争力。

· **请外来人员进行培训**

对于你的团队来说，使员工具备目前并不属于组织的技能至关重要。例如，作为人力资源部主管，你需要了解世界教育变化趋势。因此需要聘请学者来做报告，或者你亲自去参加一些学术会议。

· **为员工树立具有跨职能卓越能力和协作精神的榜样**

如果团队的所有人都认为你多才多艺，那肯定会有所裨益。你应与时俱进，不断提高你的其他技能。如果你在办公室，每周可以花半小时在办公楼里逛逛,以获得最新的信息,并保持同他人的联系。你要让员工看到你经常与其他部门的人交流,与整个组织的人关系都非常融洽。在与人谋求合作时,请谨记,团队以外的人并不关心你需要什么,他们只想知道从你那里能得到什么。以一种合作共赢的态度和其他部门接触能更有效地搭建跨职能桥梁,并最终获得你团队所需要的东西。

· **有效调解双方的纠纷**

当然,跨职能联系越多,就不可避免地会产生沟通障碍。如因同事间的纠纷使部门间关系恶化,使相互学习和帮助变得困难,那么就可以召开一次正式会议来讨论这些问题。聚在一起后,你首先要让他们一方讲明情况,然后让另一方辩解。要保持不偏不倚的公正立场,以使双方达成相互满意的解决方案。

聚 焦

轮岗领导力培养计划

雀巢公司是全球最大的食品公司,在欧美设有3个总部,拥有70处办公地点和近两万名员工。其宠物护理部门雀巢普瑞纳宠物食品公司认为,为员工提供各种学习和成长机会会对企业的效益产生积极的影响。雀巢普瑞纳培训部门将即将毕业的优秀大学生纳入了一项发展计划,让他们有机会接触工厂内的各个关键职能部门,如财务、工程、信息技术、生产、供应、运营、人力资源和质量保证部门等。

普瑞纳网站上写道,"在成为各自领域的专家前,每位受训者需要对各领域都了如指掌","该计划旨在培养我们制造业的下一代的领导人"。

此外,普瑞纳还为营销和销售团队的资深员工制订了轮岗计划。该计划的参与者会在其他职能部门轮岗一年,借此获得发展机会,与其他部门建立联系,并加深对其职业的理解。

全球航空航天和国防承包商雷神公司也因实施对应届大学生和年轻的专业人才的轮岗发展计划而闻名。迈克尔·泰利(Michael Teeley)在《培训杂志》中写道:"雷神公司认为,公司需要能应对多变环境和异常复杂技术挑战的领导者。"该项计划为期两年,100名参与者会在8个职能部门轮岗(业务开发、通信、合同、工程、财务、人力资源、IT和供应链)。参与者除了在各部门现场体验学习外,还会定期接受管理层的指导和基于领导力方面的训练。

泰利说,其中一项训练是"商业战机":这是一项为期3天的顶级发展项目,模拟雷神公司领导者在争夺市场份额和盈利能力方面所面临的挑战。为完成"商业战机"训练，参与者和指导团队在波士顿外某地集合，并被分成20组5人跨职能小分队。泰利说："该项目以雷神公司领导者每天可能面临的问题为训练对象，以管理成本、项目执行和成功衡量为训练科目。"只有在掌握了8个职能的技巧后才算获得成功。

到"商业战机"模拟的最后一天，工程师们就会变得和人力资源部和财务部的同事完全一样了。泰利在文章中写道："此时的他们已拥有共同的语言，对客户做出的承诺也一样。除了原本擅长的专业领域，他们也拥有了商人们的思维和行动力。"

最后一个轮岗领导力的例子是汽车巨头通用汽车公司。最近通用汽车公司在其知名的技术轮岗和职业知识计划中增加了两个培训项目，以弥补实践过程中存在的缺陷。《人力资源管理协会杂志》发表的一篇文章称，针对有经验的专业人才，公司让他们在劳资关系部、人力资源业务合作伙伴单位和生产车间各待12个月；对初级专业人才，公司除对他们进行劳资关系方面的短期培训外，还要求他们在全球薪酬与福利部及人才招聘或管理部各工作一年。

通用汽车对培训项目的每位参与者都配备有导师,在整个培训计划期间,导师会和他们保持联系。培训议程包括集中培训、专家演讲者和高层的小组论坛。公司通过参与者敬业度得分、人员流失率、录用数据以及该计划毕业生进入领导岗位的时间等来对该项目进行追踪,以判断该培训计划是否成功。

穿戴装备助力职业个性化

我在最近的一场研讨会上问与会听众:"你们有多少人有智能计步器?"

有一半人都举起了手。

我又问:"是公司给你们配的智能计步器吗?"

有20来位听众说"是"。公司给他们配备智能计步器是为了让他们提高身体素质。目前,这种情况并不少见,很多公司都加入了健身行列,还鼓励员工记录他们锻炼的步数和卡路里的摄入量。有的公司还以奖励的方法鼓励员工锻炼身体,规定第一个走到一万步的人将获得免费午餐!

一般的智能计步器可以记下你走的步数,有的装备甚至可以告诉你需要的睡眠时间,以提高你的心率。尽管可穿戴追踪装备还处于起步阶段,但它告知的信息已和我们的工作绩效有直接关系了。

"叙事科学"公司首席执行官斯图尔特·弗兰克尔(Stuart Frankel)在石英网上发表的一篇文章称,日本电子公司日立公司给所有的员工都配备有智能装备,该装备可以通过特有的算法,根据员工每天坐、行走、点头、说话和打字的时间来判断员工的情绪。另外,美国银行也为90名呼叫中心的员工配备了徽章式智能装备。"结果表明,因为员工在正常的工作时间内就可以解决所有的问题,公司给员工以正常的休假非常重要,"弗兰克尔写道,"美国银行在对其文化政策进行了微调后,生产效率提高了10%。"

目前,许多公司都愿意为员工配备最基本的智能装备,并且他们自己也可以选择喜欢的款式和颜色。据估计,到2030年,大部分上班族将佩戴多功能徽章式智能装备。随着科学技术的进步,未来一定能为员工量身定制工作岗位角色,从而实现工作效率最大化。

例如,你能够想象得到,在未来仅靠一个传感器就能对你和同事的工作效率进行对比分析吗? 它经过分析,可能会算出你邻桌的同事撰写客户端状态报告的速度比你快5倍,但你分析预算的速度却比其他同事快2倍。当传感器将此类信息传送给团队负责人时,此时你就有了选择权,是继续撰写状态报告,还是去做你更擅长的工作呢?

我们在第二章讨论了智能装备是怎样具备了分析能力,并为你提供了建议,以帮助你更好地发挥作用的,包括你应承担的具体任务及任务的优先级,应请求哪些人来帮助,这些人具体该做些什么,以及你在一天中应如何分配时间和精力方面的建议。我通过时间管理软件得知,每天早上花在刷脸书上的时间太多。我多么希望未来有一种算法,能告知我每天早上10点之前不用费心去工作,因为我实在太累了,除了无聊地上上网,别的什么事也做不了。

不管怎样,你的装备收集的数据越多,它的洞察力就会越深刻、越实用、越有利于发掘你的潜力,使你脱颖而出。甚至在入职前,你也可以利用智能装备帮你分析。听说麻省理工学院研发了一项新技术,仅通过一个编程软件就可以预测IT求职者完成各种工作任务的效率。这样,就业前的评估技术就取得了突破,未来智能装备完全有可能取代人类传统的面试方式。

当我向听众讲起可穿戴装备的未来时,与会者并不买账。"这也太没隐私了吧,"一位坐在前排一直在点头并保持微笑的乔治·奥威尔(George Orwell)粉丝此时抱怨道。后排的一位男士说:"我是不会穿的,也许我就是喜欢写状态报告。写得稍微慢点又有什么关系?或许慢一点写得更详尽。"

不管怎样,他们的观点确实也有其道理。智能可穿戴装备是通过收集个人数据来分析的,确实会引起严重的隐私问题。员工是否必须同意佩戴智能装备,并允许公司使用智能装备收集他们的数据?如果员工不同意,公司是否会拒绝录用他们?公司应通过哪种方式收集数据?哪些人有权查看数据?公司如何与员工开诚布公地沟通

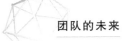

使用装备的目的？员工在跳槽时数据是否会随之转移？如果工作效率"档案"落入坏人手中该当如何？该怎样界定生产效率？这些问题都值得深思。

本人认为，无论我们喜欢与否，公司给员工大规模地配备可穿戴装备都是大势所趋，尤其是在底线收益越来越明显的情况下更是如此。作为领导者，我们能做的是行事要小心谨慎，在给员工配备可穿戴装备前要咨询有关专家，要对新技术进行测试，进行战略性地规划部署，要和员工开诚布公地谈话，并对数据进行检查，以确保可穿戴装备对员工和公司都有利。

除职业个性化之外，企业领导还有什么方法能使员工自愿留下来并尽其所能为公司做出贡献呢？在第七章，我们将就2030年商界蓬勃发展的企业文化和促进企业文化发展的方法，如员工体验设计、灵活的绩效管理和自下而上的目标设定等，进行探讨。

行动计划

请回答下列问题，以为2030年的职场做好准备：

1. 你的公司是否让员工在同一个工作岗位连续干几年（甚至几十年）？调换岗位容易吗？用什么策略才能使员工们调换工作岗位变得容易些？

2. 如何在你的团队中实施职业个性化？如何介绍这一话题，在职业个性化上你取得的第一个成果是什么？

3. 给员工规定服务期在你的单位行得通吗？有哪些障碍？

4. 为什么每位员工拥有多项技能对你的单位更有利？

5. 考虑一下你团队的成员，选择一种你期望他们发展的跨职能技能或与本岗位相近的技能。你会向他们提出哪些建议？

6. 如果你可以为员工配备理想的可穿戴装备，你会用它来获得什么数据？怎样用这些数据来改善你的业务？

本章总结

· 如今的员工更喜欢横向或侧向调动工作，以获得更多的职能或行业经验。如果员工在自己的公司能找到横向调动岗位的机会，就不太可能离开本公司到外边寻找发展机会了。

· 研究表明，职业个性化随着时间的推移有利于员工敬业度的提高，它与员工对公司的忠诚度呈正相关；此外，与非职业定制参与者相比，职业定制参与者会获得更高的绩效评级。

· 服务期是指员工在一定时间内在一个组织内连续担任不同的职务，或连续在不同的组织内担任不同的职务，以达到提高技能之目的，或从一个组织内的全职岗位上休息或全部调离。

· 具有跨职能专业知识或者掌握多项跨领域技能，对雇主来说比以往任何时候都重要。领导者可通过轮岗和接触外部资源的方法鼓励员工拓宽专业知识。

· 到2030年，大多数专业人才佩戴的徽章式智能装备将不仅仅具有记录步数的功能。随着技术的进步，职业个性化将惠及每位员工，从而使他们的工作效率最大化。

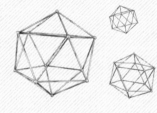

第 七 章

未来职场文化及体验

目前，我在一家跨国消费品公司工作，该公司的文化非常特别。当你跨进公司美国总部大楼时，大家都会跟你微笑着打招呼。真的，无论是前台接待员还是碰巧路过的公司高管都是如此。我曾有幸参加过几个公司的面试，数这儿的人最热情。这种氛围让我感到温暖、感到自己是个人才。

文化就是一种感觉。当我走进这家公司时，好感便油然而生。我暗自庆幸自己能在这儿工作，但该公司的这种文化氛围也不是偶然产生的。曾几何时，公司做出了重要战略决定并采取了一系列举措，才使我、同事、合作伙伴和客户有这种感觉。公司的工作环境既舒适又休闲，给人以家的感觉。公司还免费提供各种冷饮，更让人感到其热情好客。领导层之所以这样做，意在向大家传达一种"大家都是一家人"的信息。

当然，该公司文化氛围如此之好，并不意味着它不注重效益。虽然我碰到的每个人都很友好,但大家都是"在商言商"。这儿的文化氛围除了在向你传达"大家都是一家人"的信息外,还暗含着"我们应全力以赴工作"这种味道。我所在部门很注重创新,对员工和伙伴的期望值也很高。虽然我们的工作很辛苦,有时可能还会搭进个人的业余时间,但我们都乐此不疲,因为我们知道我们的劳动是得到认可的。

公司文化的成功有效地平衡了生产效率和员工参与度之间的关系,这在很大程度上要归功于公司为每位员工所创造的文化体验。在来面试前,我对公司的宗旨、发展前途、最高目标以及我要应聘的工作进行了了解。在面试时,招聘人员问我怎样才能成为一名合格的合作顾问,怎样才能确保第一个合作项目成功。此外,公司领导也把我介绍给了团队的其他成员,为我们之间建立融洽关系以及紧密合作打下了基础。

自我走进大楼的那一刻起,各种零碎的文化体验便汇集在一起,使我完全沉浸其中。此时,我已知道我该到哪儿工作、该选择什么职业和什么最重要了。最为重要的是,我感到自己精力充沛,完全被公司的文化迷住了。我想,在以后几年里,我是不会跳槽的。

在过去几十年里,文化毫无疑问一直是企业关注的焦点,但每当我们在营造一种积极的企业文化时,往往更易于做一些表面文章,如提供免费午餐、搞些娱乐活动、摆一些懒人沙发和桌上足球等。但在未来的职场中,各种专业人才都希望能像在家上网飞和亚马逊网站

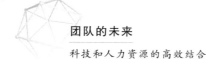

那样获得工作体验。工作体验应引人入胜、轻轻松松、简简单单,应因人而异,充分考虑个人的偏好和目标,关注员工在企业内的各个阶段应体验什么和做些什么。浓厚的企业文化是获得丰富体验的关键,但要做到恰到好处并非易事。本章将首先介绍确保企业经久不衰的文化因素,然后再探讨如何评估你在公司的位置以及近期须达成的目标。在了解了企业文化后,我们将继续探索如何建立 21 世纪理想的员工体验机制,包括如何在他们职业生涯的每个阶段进行有意义的互动,并通过互动来提高员工的敬业度和绩效。

2030 年的组织文化

在前文,我们对企业组织如何发展才能在 2030 年的商场上保持竞争力已有所涉猎,在本书的最后两章我将会对此进行详细的讨论。但是不管你如何构建你的企业和团队,也不管出现了什么样的雇佣问题,稳定、一致和强大的企业文化都是企业存在的根本。如前文所述,求职者的就业选择并不是基于收到了面试通知函,而是基于他们所感知到的企业文化。在 21 世纪中叶,这一趋势将会变得愈发明显。

在未来职场中能够引起共鸣的文化类型,首先也是最重要的就是目标驱动型文化,这就意味着你需要弄清楚公司在追求什么,特长是什么,它的经济驱动力是什么。《销售什么并不重要,重要的是你的立场》(*It's Not What You Sell, It's What You Stand for*)一书的作者罗伊·斯宾塞(Roy Spence)认为,人并不能仅仅为赚钱而活着,还应该有更高的追求。斯宾塞写道:"尤其是当组织处于关键时期时,树立务实的目标是创建和维持一个高效组织的关键,它就像战略、执行和创新一样值得倍受关注。"企业文化应体现这样的核心价值观,即对员工、社区甚至全人类都密切关注,并将支持环境保护等可持续发展的事业。要培育这样的企业文化并非个别部门所能完成的,也并非靠投资就能一蹴而就的。企业对其目标的不懈追求将会以文化的形式渗透到企业的方方面面和每个角落。例如,一个热衷于帮助困难儿童的企业,就可能会出资让员工为当地学校提供服务:赞助成立蒙特梭利教育中心,并在中心大厅里展示孩子们的艺术品,可能还会招揽不同背景的青少年到公司实习,并在年度报告和与利益相关方的沟通中讨论这些举措。

　　基于我们目前的了解,众多传统的工作场所都必须被摒弃,因为2030年的企业文化必须是更加灵活多变的。随着组织扁平化的发展,领导和用工等各个方面都会变得更加透明,从个人薪水的多少到某项任务是适合人还是机器来完成都是如此。企业文化将越来越强调责任、效率和实际贡献。

　　但与此同时,对高技能技术人才的竞争也意味着,到21世纪中叶,企业将会比以往任何时候都更加关注员工的身心健康,信任、尊重和企业的信誉也同等重要。在虚拟世界中,人们可以轻松地发挥自己的创造力,由此产生的合作也使得许多组织的文化呈现出非正式性的特点,例如"可以用在撒哈拉沙漠喝茶代替平常在会议室吃茶点"。最后,能够有效地融合高科技和高接触互动、促进自己和团队提升,并且每次都能反映核心目的的文化,才是最可能激励和增强本世纪中叶员工能力的文化。

基于以上特点,企业领导可能会宣称,他们目前的文化正在朝着"适合"2030年的方向发展。但是你真的清楚吗?例如,德勤一项新的研究发现,仅有28%的人力资源专业人士认为他们非常了解自身的企业文化,而只有19%认为他们的文化是适合企业发展的。如果连人力资源人士都搞不清到底什么是企业文化的话,就更别提其他人了。

如果你没有花太多心思去定义你的企业文化,或者定义得含糊不清(例如,"家庭友好型""创新型""孤立型"或"进取型"),那么就有必要邀请内、外部人士一起坐下来重点讨论一下,并以书面形式将评估结果确定下来。评估可以通过简单的测试来完成,也可以通过高薪聘请咨询师,对企业进行深度分析后出具一份大得用邮件都无法发送的报告。为简便起见,我下面将介绍一种"企业文化评估"(OCA)工具。该工具是密歇根大学管理学教授金·卡梅隆(Kim Cameron)和罗伯特·奎因(Robert Quinn)的研究成果,它将会为你的文化提供一份蓝图,以推动你企业的变革。我之所以推荐这种工具,是因为它不仅揭示了你的企业到底是一个什么样的组织,而且还告诉你怎样做才能促进企业的发展,以使你的公司成为工作和做生意的好地方。下文将简单介绍卡梅隆和奎因提及的四种文化类型。

- **"协作型（家族）"文化**

指企业是一个对人开放和友好的工作场所，人们可以在这儿很好地彼此分享。它就像一个大家庭一样。领导者扮演的是导师甚至是父母的角色，团队的忠诚度和传统观念都很强。该文化重视团队协作、参与度和一致性。

- **"创造型（灵活组织）"文化**

指企业是一个充满活力、富有企业家精神和创造力的工作场所。员工和领导者都喜欢创新和冒险。对试验和不同思维方式的追求是该组织成员的共同之处。在该文化中，领导者往往身先士卒。该文化鼓励个人能动性的发挥和个性的张扬。

- **"控制型（等级组织）"文化**

指企业是一个等级森严、正式的工作场所。成员的一切行为受规则和程序的制约。稳定是企业的第一要务，稳定和高效是企业的长远目标。按时的交付、稳定的计划和较低的成本就意味着成功。安全性和可预测性是管理层的基本要求。

- **"竞争型（市场）"文化**

属于结果导向型文化，它注重工作的结果。在这种文化中，员工彼此之间开展竞争，一切以目的为导向。领导者要求严格、努力奋进且富有成效。渴望成功是整个企业成员的一致目标，占领市场的份

额和对市场的影响力是衡量成功的标准。有竞争力的价格和对市场的领导力都很重要。

企业文化评估工具的运用必然会揭示企业文化现状,但请注意,在很多企业中,都存在不同于总公司文化的部门文化,尤其是位于其他国家和地区或专注于某项特定产品的生产或服务的子公司更是如此。例如,在我与微软的跨国交往中,我发现子公司文化的形成受所在国的法律规范以及员工职能(例如软件开发、客户服务、营销)的影响。如果公司文化与你的员工和所处环境不相匹配的话,那员工的工作效率就可想而知了。

转变企业文化

一旦对当前的文化有了一定的了解,你就可以开始着手2030年商场的准备工作了。以下是我们就以上讨论提出的发展建议:

· **目标驱动**

了解并定期重温贵公司的传统。

确立贵公司的使命、愿景和价值观,并将其与各部门成员的具体工作、职业规划和学习目标联系起来。

仔细审视贵公司当前发展的重点:为什么这样做? 这样做和公

司发展的路径有关吗？

· 灵活

不断更新和优化贵公司的工作流程和有关的各种工具，以满足员工和客户不断变化的需要。

杜绝微观管理——鼓励员工独立、创新性地解决公司所出现的突发事件，并对此给予奖励。

为了员工利益最大化和公司福利水平的提高，不计较地位高低和细枝末节。

· 透明

确保整个公司全局发展战略的一致性，并要求各子公司定期汇报。

说明采取新流程和新技术的理由。

构建诚信环境。在此环境下，客户期望得到公司的服务，员工期望领导信守诺言，即使是不太好的消息，也能够迅速、真实和妥当地传达。

· 合作

将某种特定的工具标准化，以确保团队成员都能使用此类工具完成日常工作。

在交流时，不要完全依赖虚拟工具，应创造面对面的交流机会。

在讨论中，应鼓励大家各抒己见，但决不允许在工作场所发生恶毒或无礼的行为。

团队的未来

科技和人力资源的高效结合

聚 焦

WD-40公司文化转型的重大进展

WD-40(金属制品万能保养剂)是一种有2000多种用途的产品。如果你装修过房子或维修过汽车,就会听说过WD-40这种产品,该产品通常是蓝色或黄色罐式包装,能防止金属生锈和腐蚀,将它滴进金属缝隙里可以排除里面的水分,起到润滑作用。它有多种用途,能清除粘附在金属表面的油渍、污垢、灰尘等附着物。关于WD-40,还有过许多有趣的故事。如亚洲的一个公共汽车司机就用WD-40赶走了一条蜷缩在车底盘的巨蟒;美国警察曾用WD-40解救了一个赤身裸体被卡在空调通风口的窃贼。

《快公司》杂志的联合创始人威廉·泰勒(William Taylor)在其著作《简单的非凡》(*Simply Brilliant: How Great Organizations Do Ordinary Things in Extraordinary Ways*)中讲述了WD-40公司的首席执行官加里·里奇(Garry Ridge)是如何带领公司为适应21世纪中期的发展而进行持续学习型文化转型的。他要求每位员工都要承诺成为"学习狂人",人人必须如此。其要旨在于,如果员工对某件事情弄不清楚,那么他或她就有责任把它弄清楚。员工有责任学习一切与工作有关的知识,在适当的时候应与他人保持沟通。

　　泰勒认为,这种承诺是建立在实验的基础上的,是新文化的基石。这种新文化应是灵活多变、易于接受而不是一成不变的。里奇对泰勒说:"人人都有很大的提升空间,但人们总是不敢打破常规。其实,害怕失败才是最大的失败。我们必须勇于面对失败,并从失败走向自由。"

　　WD-40公司所提倡的"学习时刻"鼓励员工在遇到挫折和困难时坚持不懈、勤于探索、敢于冒险,直到他们突发灵感找到解决问题的方案。那么,"学习时刻"最大的优点是什么呢？其优点就在于员工们会彼此之间进行沟通和交流,并分享自己所学的知识。

　　WD-40公司是文化转型对公司经营产生积极影响的一个范例。自推行"学习时刻"以来,WD-40公司的产品由仅在少数国家销售的单一化"品牌商品",发展到销往176个国家的多元化产品。目前,公司仅在欧洲的销售额,就超过了里奇刚接任CEO时公司的总销售额;股价自2009年以来也上涨近两倍。按市值估算,WD-40公司目前已成为一家市值超过10亿美元的企业,每股股价也接近120美元。

　　WD-40公司的座右铭是"活在当下,努力奋斗"。当众志成城时,奇迹就发生了。

谁拥有员工体验？靠团队的努力

　　近几年来，公司文化在关注员工体验方面发挥了重要的作用。员工体验包含了员工在某个企业任职期间的所见、所观和所感。创造最真实、最方便用户体验的愿望催生了所谓的人力资源消费化。人力资源消费化过程就是为某一企业的员工搭建社交平台的过程，是深入了解公司文化和员工日常体验的切入点。

　　在人力资源部门和公司高管非比寻常的参与和推动下，该平台不断完善，极大地满足了员工们不断发展的需要。通过该平台，大家可以就公司目前的状况、未来的发展和员工的适应方式等进行实时沟通和交流。员工们也可通过自己的智能装备进行访问和体验。平台上所有的信息都是数字化的，如有什么问题，可以留言，大家会在平台上给出解决问题的建议。在平台上，大家都会畅所欲言进行互动和交流。

　　我曾经在一家非营利机构雅思莱克斯学院（AccessLex Institute）工作过，该学院一直倡导"大学应为学生提供最好的法律教育"的理念。该学院创建了一个高科技、高触控的虚拟入职门户网站，想以此提高新员工的留任率。该网站使用了仕睿软件，该软件是基于雅思莱克斯对新员工留任最大的障碍——感觉与公司文化相脱节——而开发的。开发此软件的目的是让新员工适应当地的环境和人，使他们获得积极的生活体验。雅思莱克斯学院自2017年推出该门户网站以来,员工的离职率大幅下降。

如果你是一个创业公司的领导者,你不能仅仅打造一个漂亮的门户网站就草草收工。你也不能仅靠人力资源部门来打造你想要的体验。无论是现在还是将来,员工体验的内容都是非常庞杂的,这就需要管理层预先深思熟虑、统筹规划。凯撒咨询公司设计的行程图就是一种工具,它能使员工体验完整生命周期,有助于提高员工每个生命阶段的洞察力。凯撒的方法侧重于员工在做什么而非感受。员工在沿着行程图前进时,可能会经历如下阶段。在每个阶段,我们都可以组合一个团队,通过一些活动来获得工作体验。本章在以下章节将详细介绍部分活动,包括目标设定、敏捷绩效管理和微观反馈等。

· 申请和考核阶段

应聘者怎样了解公司,怎样与招聘人员或招聘经理接触并获得公司的详细信息,以做出明智的决定。

你必须回答应聘者如下问题:公司是干什么的? 为什么我想在这里工作? 这个公司和这份工作适合我吗? 在公司为客户提供服务的过程中,我扮演什么角色?

人力资源部门和领导驱动型活动:

(1)通过求职告示板、员工推荐和内部职业网站/社交媒体平台来吸引优秀人才。

(2)通过生动的在线事例,使应聘者尽早了解公司信息,以吸引优秀人才。

（3）通过手机和一键应用程序，简化招聘流程。

（4）编制和创建个性化招聘信息。

（5）通过对话，加深应聘者对公司品牌和招聘要求的了解。

（6）使应聘者参与面试或技能测试。

（7）向员工和各部门主管提供获取信息的渠道。

（8）征求并处理招聘体验的反馈意见。

（9）提供定制的电子邀请函。

（10）录用后，让新员工进行入职体验。

· **入职阶段**

新员工怎样入职并融入公司。

你必须回答雇员如下问题：我期待在这儿得到什么？公司对我的期望又是什么？我应该在哪个部门工作，如何工作以及与谁合作？

人力资源部门和领导驱动型活动：

（1）提供个性化内容，并征求对于工作地点、时间和角色的反馈意见。

（2）确保新员工轻松完成各种入职文件。

（3）向团队、导师和领导介绍新员工。

（4）设定工作范围和绩效预期。

（5）将个人目标和公司整体战略目标联系起来。

（6）对新员工的工作经验进行调查，监督其工作表现。

· **学习阶段**

设立员工融入组织的项目,提供培训机会。

你必须回答员工如下问题:怎样做才能使我的工作富有成效?

人力资源部门和领导驱动型活动:

(1)通过移动—响应界面,在合适的时间适当地提供相关内容。

(2)推荐补充内容,确保活动持续开展。

(3)经双方协商,确定短期绩效目标,并通过互动接触来进一步强化目标的实现。

(4)建立自动监控制度,监督项目完成情况并确保操作的合规性。

· **贡献和成长阶段**

企业是如何营造创新和协作环境,为员工提供晋升和锻炼机会的。

你必须回答员工的下列问题:我如何才能在这里有所作为? 我应该如何给予和接受反馈? 我如何才能学到更多的职业晋升必需技能?

人力资源部门和领导驱动型活动:

(1)定期记录,监控进度,改善关系,认可员工的成就。

(2)利用持续审核来识别技能差距并制订学习计划。

(3)调整短期目标以利于长期目标的实现。

(4)培育不断给予、请求和接受反馈的文化。

(5)指明发展路径,建立导师制并给予其他培训机会。

(6)赋予员工承担自我发展和获取技能的权利。

设计思维:体验的基石

设计思维是设计师经常用来解决复杂问题的思维方式。由于它涉及问题的解决及操作的改善,已经流行了好几年了。哥伦比亚商学院的安德鲁·金(Andrew King)和珍妮·利德卡(Jeanne Liedtka)合著了一部名为《用设计思维解决问题》(*Solving Problems with Design Thinking*)的著作,书中重点剖析了一些经典案例,包括丰田的客户联络中心。

作者在书中讲述了来自丰田工业大学的盖尔·达比(Gayle Darby)和日立咨询公司的黛安·雅各布森(Diane Jacobsen)碰到的问题。丰田汽车公司的主打品牌丰田、雷克萨斯和赛恩的呼叫中心出现了重大问题,客户每打通一次电话平均需要20至40分钟的时间,而客服人员需要转十几个电话才能解决客户反映的问题。更为糟糕的是,客服人员有时还不得不去文件柜中查找若干文件才能找到问题的答案。为解决此问题,达比和她的团队就采用了设计思维。他们首先询问客服人员在服务中出现了哪些主要问题,然后,让销售代表参与解决问题方案的设计,这样,销售代表就会有成就感,能看到每次方案的改进所带来的直接好处。最后,各利益相关小组把各自的方案综合起来,取长补短,设计出解决问题的方案,包括对客服人员培训内容的更新、转接电话的流程以及更加精简软件的选用等。这一举措使销售服务人员平均少打两个电话就能解决客户的问题，反应速度比以前有所提高。通过客服人员快速便捷的服务，丰田节省了数百万美元的费用。设计思维由于非常有效，已成为企业解决问题和变更管理模式的典范。

　　虽然设计思维在企业研发领域已应用了一段时间，但它在领导力和人力资源领域还相对较新。不过，设计思维很快便流行开来。德勤高管乔什·伯辛（Josh Bersin）、马克·索洛（Mark Solow）和尼基·韦克菲尔德（Nicky Wakefield）在他们的文章《设计思维：打造员工体验》（Design Thinking：Crafting the Employee Experience）中表示，德勤对全球人力资本趋势进行了调查，调查表明79%的高管都认为设计思维重要或非常重要。几位高管说，将设计思维应用到工作体验中，让我们不得不思考如下问题："一种优秀的员工体验从头到尾应该是什么样的？如何促进团队的合作和学习？怎样利用智能设备提高员工的工作效率？如何才能给员工提供一些简单易懂的选择，以便他们更快地做出决定？"

　　从现在起，那些人力资源管理者必须转变自己的角色，从"流程开发者"转变为"体验架构师"。德勤报告表示，这种转变给我们以自由和力量，让我们不得不重新设想工作的各个方面，因为我们吸收重要的设计思维理念，如数字设计、移动应用程序设计、用户体验设计和行为经济学。

如果你现在开始思考尝试运用设计思维,那么,斯坦福大学设计学院提出的创新性步骤或许对你有所帮助。

· 同理心

同理心模式是你在努力理解用户的生理和情感需求的基础上,对他们的世界观和他们认为有意义的事情的一种认同。通过观察人们的行为及其与周围人的交往,你就会对他们有一个初步的了解。然后准备一些对客户来说有意思的问题,以引起客户的兴趣。多问几个"为什么",达到了解客户内心诉求的目的。假设你想开发一个让父母能更好地保护孩子的应用程序,在同理心模式下,你就需要在游乐场仔细观察父母是如何照顾他们孩子的。你可以问一下孩子的父母,当他们在与其他家长交谈、接电话或者让孩子尝试一种家长无法亲自动手的设备时,他们的心里会有什么感受。你也询问一下他们,当在公共场合有陌生人靠近他们的孩子时,是否会紧张不安,有保护孩子的冲动。

· 界定

想想在你和别人交谈和观察别人的时候,你印象最深的是什么。有什么规律?你应了解设计思维的对象——你的用户。经综合思考后选出一组你认为最重要的、最需要满足的需求。然后尽量发挥你的洞察力,在用户、需求和洞察力这三个要素的基础上得出你自己的观点,并以其为研究对象,展开设计工作。对于上述家长应用程序而言,你的观点就可以表达为:"尽职尽责的家长希望孩子能够自由学习和探索,并与其生长的环境融为一体,但安全问题——尤其在城市——是一个值得关注的问题。家长需要一个解决方案来有效地平衡上述两个问题。"

- 构想

你的脑海中应有意识或无意识,理性或想象地来构思你的设计方案。例如,可以组织头脑风暴活动,充分发挥团队的作用,集思广益,在他人想法的基础上来形成自己的新观点。然后添加限制条件,充分搜集有关素材,并允许别人质疑。这样就比你一个人思考问题更全面、更充分。在构思家长应用程序时,就可以邀请一些既是研发人员又是孩子父母的人,坐下来一起讨论在研发应用程序时可能会碰到哪些问题和机遇,这样就会对研发应用程序产生积极的影响。

- 原型

原型模式是迭代生成的人工制品,旨在回答使你更接近最终解决方案的问题。在项目研发的早期阶段,面临的问题可能会很多,例如,"我的用户喜欢不断改进厨艺吗?"虽然原型模式可以是用户想与之交互的任何东西,但你在设计时应以用户为中心。应考虑客户用你的程序是测试什么的,你预期的行为是什么。例如,你的目的是研发一个原型模式的家长应用程序,以使父母在应用它时既方便又快捷,还可以一心两用。那么,在设计时你就可以设想,家长是否可以用这种应用程序来监督其他情况。但在其他情况下,家长还是仍然

希望能亲眼看到孩子的。

· **测试**

在理想状态下，你可以把应用程序拿到用户的实际生活中进行测试。你可以把原型产品交到用户手中，或者让用户进行体验。首先，你暂时不要向用户讲解程序的所有内容，可以向用户讲解如何运用原型应用程序，让用户亲自使用一下，看用户是否会用（或会出现哪些错误），看出现问题时用户是如何处理的；然后听听用户对应用程序的评价，问问他们有什么问题。例如，应在家长与孩子都在的真实环境（如杂货店、游戏中心和图书馆）中进行测试。作为研发人员，你应该仔细听取他们的反馈意见。这款应用程序真的可以提高孩子的独立性和安全性，还是只解决了家长一心二用的问题呢？

改革绩效评估办法

对大多数员工来说，绩效评估源于20世纪初，那时雇主刚开始将员工满意度与提高工作效率联系起来。在20世纪20年代，组织心理学家埃尔顿·梅奥（Elton Mayo）首次衡量了生产率与工作环境之间的关系。在经济大萧条时期，已确立了养老金、劳动标准和最低工资制度。在20世纪40年代，当时的公司制度对"老板"的领导力提出了很高的要求，员工满意度和生产率也得到了极大的提高。在接下来的10年间，美国政府也参与到公司管理中来，颁布了《绩效评估法》

（*Performance Rating Act*）和《奖励激励法》（*Incentive Awards Act*）。这两部法律对政府雇员的行为设定了客观标准，并对其出色表现给予了相应的奖励。

　　大约50年前，过程导向的绩效评估制度已开始被许多大型的跨国公司采用。众所周知，这种评估制度在每年1月为每位员工设定年度考核指标，经理在年中进行中期统计，12月进行考核和评分。这种考评制度即使在公司发展极为缓慢的时期也存在着一定的问题。因为在一年中，总有事情会不可避免地发生，于是，有些员工就调整了工作岗位。到了年底，他们会陷入一场毫无意义的讨论中，讨论一下他们是否已经实现了1月设定的但现在看来无关紧要的目标。

　　其实这种绩效考评办法不是特别适用于公司。在大多数公司中，员工的年度绩效评估与公司业绩之间几乎没有任何关系。人力资源咨询师希·韦克曼（Cy Wakeman）在她的著作《基于现实的职场规则》（*The Reality-based Rules of the Workplace*）中指出，就许多工作勤奋、效率较高的员工而言，他们取得的成绩理应获得"超出预期"的高绩效评级，他们的工资也理应上涨。但公司首席财务官会说，今年公司的财务状况并不是特别理想，公司的业绩远远低于预期。

　　员工贡献的总和难道不应该和公司的业绩相等吗？韦克曼想知道绩效评级和公司业绩之间的关联度（以及准确度、诚实度和真实意图），因此，她收集了来自37个公司和27.5万名员工5年的统计数据，将公司的年度业绩和员工的年度总体绩效评分进行了比对。

在大多数员工的绩效被评为"高于平均水平"的公司,公司的实际业绩反而比行业平均水平要低10%,包括盈利能力、市场份额、员工保留率和客户满意度等。但是,对于那些5年来总体绩效评级最接近钟形曲线的公司,也就是说,大多数员工被评为"平均水平",只有少数员工被评为"高于"和"低于"平均水平,业绩却一年比一年好。在不太成功的企业中,员工更有可能获得较高的绩效评价。韦克曼写道,"换句话说,这样的评分有虚高成分"。

为什么会出现这样的情况呢?韦克曼推测,无论是经理还是员工,都倾向于将绩效评级个人化,并把它看作一个人价值的体现。她说:"我们似乎忘记了真实的绩效数字是对现实的一个很好的检验,因为它充分考虑了预期与实际结果之间的差距。尴尬是改变和提高的绝佳动力。"

但是人类对尴尬却心存恐惧。"管理者很难做到诚实,员工们也是如此,"韦克曼说,"因此,很少有人在绩效评估时对自己的得分感到兴奋,或者他自己心里就清楚这种评分是怎么来的。此种绩效评估制度造成的结果是,雇主总觉得员工们对虚高的分数既不感激,对公司忠诚度也不够。"

传统的绩效评估方式是以最低工作标准来评估员工的表现。并且,仅仅以员工和同事为参照物,但是,竞争却是存在于整个行业间的。如果不把员工和整个行业的最佳表现者相对比,公司和员工就不知道自身的贡献在市场上是否有价值。

最后,公司开始学得聪明了。最开始实行新绩效考核制度的是技术公司瞻博网络和奥多比,这两家公司不再按1~5分的标准给员工评分。奥多比宣布将用一种与此截然不同的绩效薪酬制度来评估员工的绩效,因此,在之后的18个月里,奥多比的股价上涨了68%。在2015年6月,改革绩效考评制度成为大势所趋。继埃森哲、德勤、通用电气和信诺等知名企业对绩效管理体系进行重大改革后,数百家企业也纷纷加入了改革绩效评估制度的大军之中。

上周末,我去听了一场梦龙乐队的演唱会。虽然演唱会是在芝加哥市中心巨大的联合中心球馆举行的,但给大家的感觉就像一场亲密的聚会。每个人都跟着熟悉的歌曲唱歌跳舞,我敢确定,乐队在观众的强烈要求下加唱了曲目。重要的是,梦龙乐队能读懂观众的喜好,根据即时反馈进行调整,并确保我们获得绝佳的音乐会体验。虽然乐队没有完全按节目单演出,但演出效果却出奇地好。乐队也希望借此引起观众共鸣,并做好了接受观众批评的准备。

在领导力和人力资源领域,最好的绩效评估方式是敏捷绩效管理,它是一种高效且具有协作性的绩效管理方式。敏捷绩效管理不再强调员工的评分等级,而是关注经理在给员工定期培训以使其持续发展方面所起的作用,看他们是否能最大限度地利用职业体验来实现生产效益最大化和提高员工满意度。

在未来的5~10年内,该种绩效评估方法将成为大多数企业对员工绩效的量化考核标准。它包括以下内容:

- **技能培养**

敏捷绩效管理关注员工新能力的培养,而非回望过去的绩效。

- **优势管理**

所有员工都可以在某一领域做得出类拔萃。敏捷绩效方法不是简单地根据过去的绩效目标来评估员工,而是建立起一种能使员工发挥自身特长、释放出巨大能量的机制。

- **时常反馈**

敏捷性能管理具有即时性和及时性,能调动大家的工作热情。管理人员要接受沟通技能培训,以便更好地与团队成员沟通,尽早发现工作中的问题,确保团队目标的一致性。

- **众包**

整个团队都参与员工的绩效评估,因为他们会从其他主管和其他部门的同事那里得到员工表现的反馈。

- **社会认可**

即使像在短信系统或软件平台上点赞这样简单的事情,也能让团队看到取得的成就,并为之欢呼,从而激励员工继续努力。

如果你是一名主管绩效评估的领导,你可以在你的团队中(而非整个企业)逐步采取敏捷绩效管理。以下操作步骤对你会有所帮助:

· 将经营理念和绩效理念联系起来,将个人目标和组织目标联系起来

提前让员工参与进来,以便员工了解自身在组织中的影响和角色。

· 培养成长心态

斯坦福大学的卡罗尔·德韦克(Carol Dweck)的心态研究表明,那些乐于接受挑战和学习机会的人比那些不愿意接受挑战和学习机会的人表现得更好。作为一名领导者,你必须以身作则,为员工作表率,并将其嵌入到你的团队文化中。

· 增加反馈频率

首先,将年度考核改成季度考核,然后向前推进。把提供和接受反馈视为一个持续的过程,而不是一个孤立的事件,要更多地关注员工在未来工作中的表现而不是纠结于过去。

· 进行成果巡视

和医生查房一样,领导者应到员工中去巡视。斯图德集团(Studer Group)的管理技术要求管理者与员工建立联系,对其成功予以肯定,及时发现其不足并指出需改进之处。

· 建立良好的反馈机制

大多数人并不真正了解如何做出有用的反馈,可以肯定他们从来没有接受过这样的培训。就员工可能改变的事情进行反馈,避免就事论人。当给出负面反馈时,要切实具体,就事论事,可以谈谈你自己的意见,不要推测员工的心态。

- **将绩效与薪酬分开**

关于薪酬的讨论常常会阻碍员工听取并采纳能够提高绩效的反馈意见。

- **将"难以衡量"的项目纳入绩效考查**

考虑到某些员工的某些行为有利于团队合作,而且他们也可能成长为优秀成员。敏捷绩效就认为,虽然很难就其直接贡献做出评价,但他们同样应得到奖励。

- **了解对你有所帮助的技术**

最近仕睿的一项调查显示,37%的企业正借助于某项技术来加强考核程序。通过对绩效考核相关文件的自动化处理,领导者每周至少可以省出十多个小时的时间来处理员工的反馈。

- **不要将敏捷绩效法强加给其他领导者**

有许多同事可能不乐于接受这种绩效评估方法。不要紧,花点时间慢慢渗透,给他们进行必要的培训,然后,此方法就会逐步推广到全公司。

当你读到这儿的时候可能会想,为什么不干脆取消绩效考核呢?下面我们将就此展开讨论。首先,任何一名在公司工作满一年或更长时间的员工都希望公司采用某种方法对其绩效进行评价,并对超额完成任务的员工进行奖励。当然你可能希望考核流程简单化,但如果没有一个合适的制度来代替它,完全取消就会导致公司管理的混乱,导致员工的困惑和工作积极性的下降。此外,虽然你可能觉得当前的考核程序有点儿令人生厌,但它确实也有可取之处。例如,你应该仔细思考一下,是评估工具和对话本身有问题,还是最终交付的绩效名单有问题?绩效评价标准在本质上是否准确?另外,在对绩效考核制度进行更改之前,请与利益相关方进行磋商,以确保制订出的评估方案具有战略性和可行性。

聚 焦

IBM在印度的"检查点"

100多年来,IBM在IT界享有良好的声誉,但是最近,公司开始将重心从硬件转向移动、分析和云服务。考虑到客户需求变化较快,IBM便决定优化内部管理。它首先要做的就是改革现行的绩效考评制度。但有趣的是,人力资源部门并不是仅仅制定一个新的绩效考核制度,并推而广之。相反,它进行了众包试验,征求了来自170个国家的38万名员工的意见。并通过公司内部社交媒体网站发布调查,得到了7.5万次浏览和2000条评论,之后便对这些评论进行了分析,提炼出了员工反映的重要问题。员工们也参与了新制度制定的整个过程,包括讨论、辩论、更新、设计和用户体验测试与反馈等,整个过程公开透明。经过反复调查,人力

资源部门发现,员工根本不想要各种排名,不想进行自我评价,希望公司领导给予更多的指导。

最后,在广泛调查的基础上,人力资源部门设计出了一个绩效评估应用程序,即"检查点"。根据该系统,员工不仅可以在一年中改变自己的目标,而且还可以通过讨论短期目标和每季度得到的反馈意见持续地了解个人绩效。该系统主要从五个方面考核个人绩效,包括业务成果、对客户的影响、创新、承担的责任和技能。然而,该系统与之前所采用的绩效评估制度不同的是,它并没有"个人绩效承诺"这个考核要素,因为该系统的评估指标并非是单一化的。

在该系统在全球推出的当天,印度的管理团队就向员工发送了一封题为"再见,个人绩效承诺;你好,检查点"的内部邮件,还附带了一个55秒的视频,对新系统进行了详细介绍。此外,据印度的《经济时报》报道,公司的首席执行官金妮·罗梅蒂(Ginny Rometty)还在班加罗尔的大型办公室里举办了会议,介绍了该应用系统的创新之处和考核流程,强调了该系统在考核员工工作绩效时的动态性。随后,公司印度子公司副总裁和人资主管戴普瑞·辛格(Dilpreet Singh)在印度人民网(PeopleMatters)上发表了一篇文章称,员工对新的评估系统反应良好。

　　罗梅蒂说："对管理人员和员工进行培训，有利于公司的顺利发展。此系统为员工而开发，深受员工欢迎。"她接着说道："检查点系统为公司营造了一种开放沟通型的文化，能使 IBM 的员工找到适合自己的工作岗位。"尽管该系统还处于试用阶段，但 IBM 印度公司正在收集调查数据，了解系统的运用情况和公司的反馈，以便使系统更加完善。

祝贺：OKR 未来的目标

　　谷歌成立之初，投资者约翰·杜尔（John Doerr）建议其采用"目标和关键成果法"或曰"OKR"组织系统。OKR 系统最初起源于互联网，现已成为谷歌文化的重要组成部分。其主要作用是为公司和团队员工明确设定季度和年度可量化绩效。在最初，杜尔给 OKR 赋予的含义是这样的：

　　　　我将根据这组关键结果来衡量目标。
　　　　所谓目标是员工需在一定期限内达到一种令人难忘的定性要求。它通常简短精悍、令人欢欣鼓舞、具有激励性和

挑战性。

　　所谓关键成果是衡量员工是否实现具体目标的载体。和每个目标相对应的有二至五个关键成果,并且这些成果必须是定量和可衡量的。

《OKRs 入门指南》一书的作者斐利贝·卡斯特罗(Felipe Castro)列举了下面的例子。假设你的目标是想要创造一个很棒的客户体验。这听起来很好,但我们如何知道这种体验是否真的很棒呢?如果没有办法对其度量的话,那就意味着我们没有设定具体的目标,这就是需要设定关键成果的原因。我们该如何衡量客户是否对我们公司满意并向别人推荐,他们自己也会再次购买我们的产品呢?净推荐值(或一种计量客户将会向他人推荐某个公司产品或服务的意愿的指数)和复购率是两个重要的衡量指标。但只看净推荐值和复购率可能会传递某种错误的信息,这会鼓励员工不惜代价使客户满意。因此,我们就采取了一个措施,那就是控制获得客户的成本,也就是说,我们既要使客户满意,但也要控制经营成本。下面是有关OKR的完整例子:

目标:创造卓越的客户体验

- **关键成果:**将净推荐值从 X 提高到 Y。

　　　　　　将复购率从 X 提高到 Y。

　　　　　　将获客成本控制在 Y 以下。

OKR应该是透明、公开的。通过查看同事、经理甚至CEO的内部档案，你就可以查看他们的目标、成果，以及在各OKR系统各项指标的表现。这虽然看起来像是一场革命式的变革，但完全是合情合理的，因为你能看到其他人在做什么，反之亦然，这样就有助于工作效率的提高。根据目标设置软件公司BetterWorks提供的数据，与同事分享目标进展情况的人实现目标的成功率要比不分享的高出78%，而人们查看和更新公开目标的频率几乎是不公开目标的4倍。

　　有效的目标和关键成果还有一些其他重要特征。它可以是短期的，能够在较短的时间内快速完成，并根据公司和行业的变化进行调整。并且，目标和关键成果的设定也不麻烦，并不需要花费很长的时间，而且查看该系统的人也很容易就能了解员工的具体目标。卡斯特罗指出，目标和关键成果的设定是各不相同的，这主要取决于公司在设定目标和关键成果时是基于战略、战术还是短期行为考虑。对于公司高层而言，他们设定目标和关键成果时一般是战略性的，并以年为单位；而对于单个团队而言，他们设定目标和关键成果时一般是战术性的，并以季度为单位。而以周为单位设定目标和关键成果的，一般是公司的员工。卡斯特罗写道："OKR系统的采用是基于市场的，可能是自下而上的也可能是自上而下的。如果公司设定了战略性的目标和关键成果，那么每个团队都应在此基础上设定战术性目标和关键成果。战术性的目标和关键成果应与公司的战略和其他团队的目标保持一致。在一个典型的企业中，有60%的目标和关键成

果是经管理人员同意自下而上设定的。"

自下而上设定目标意味着员工们认识到了问题,并想出了解决问题的方法。与其他目标不同,该目标的设定来自于每位员工,而非公司中的各级领导。由于目标来自公司的员工,因此它们可能更具体(例如,参加一个公开演讲课程,以便在会议上更有效地展示结果)、更宽泛(例如,发明一个新产品)或介于二者之间(例如,简化为客户开立账户的手续)。

在理想状态下,自下而上设定是有着广泛的群众基础的。因此,在设定时必须小心谨慎以迎合广大员工,应以通俗易懂的语言而非专业术语表示出来,应以对个人、团队和组织都有利的方式呈现出来。

横向或平级之间设定的目标也很重要,它们是集体智慧的结晶。在当今的企业中,团队之间常常有一种"我们与他们是对立的"的心态,以及"部门之间是竞争对手"的感觉。但在未来的职场上,团队之间需要团结一致才能实现公司的目标。BetterWorks 的前首席执行官克里斯·达根(Kris Duggan)在接受本书采访时称:"在设定横向目标时,员工应问一下其他部门,'你们的目标是什么? 你们需要我们帮什么忙? 我们该如何相应地制订我们自己的目标?'如果真能这样的话,你团队的目标与其他团队的目标就融为一体了,反之亦然。"

"当然,有时候团队之间的目标也可能会存在着直接冲突,彼此之间配合得并不好,"达根补充道,"例如,假如你的团队销售 A 产品,而另一个团队销售 B 产品,但客户只打算买一辆车,那么它们之间的目标就存在着竞争性。在这种情况下,二者就需要相互协商,制订一个共同的目标,即一起宣传营销汽车。或者,其中一个团队制订一个更好的目标,这种情况通常发生在公司预算只允许一个团队销售汽车的情况下。如果发生了相互冲突的情况,我们通常会先请一位经理来出面打破僵局,然后制订一个共同的横向目标,以实现团队之间的互惠互利。"

敏捷绩效、自下向上和横向目标显然需要公司各级领导以不同的领导方式带领大家来实现。在下一章,我们将就 21 世纪企业领导者角色的转变,以及现有的高管层不适应新形势的原因展开讨论。此外,我们还将探讨"千禧一代"和"Z 一代"高管的独特诉求,以及 21 世纪中期领导者应具备的基本能力,包括认知灵活性和发散型思维。21 世纪中期女性管理者应具备的能力也在我们探讨的范围之内。

行动计划

请回答如下问题,为 2030 年的职场做好准备:

1. 请谈一下贵公司的文化。要创建一个 21 世纪中期有竞争力的职场,你需要做出哪些改变?

2. 谁负责公司员工的体验?员工体验是有计划的、系统的、技术驱动型的,还是不协调的、完全依赖于经理个人的努力来实现的?采

取什么方法可以实现前一种体验？

3. 考虑一下贵公司有哪些不足。如何利用设计思维策划出更好的解决方案？

4. 贵公司是如何对员工进行绩效评估的？流程如何？如果对其进行改进有什么好处？

5. 询问一下团队的成员，有用的反馈对他们有什么意义。应如何提高反馈频率，以塑造更富成效的员工体验？

6. 如何帮助你的团队成员设定和执行自下而上的目标？

本章总结

· 各行各业的专业人士都希望在工作场所获得的体验能与他们在家里通过网飞和亚马逊等网站获得的体验相提并论。因为通过网飞和亚马逊获得的体验令人叹服、愉悦，感觉不那么麻烦且操作简单。这些操作都属于定制化的，充分考虑到了员工个人的偏好和需求，并对员工在任期内的每个阶段的感受和行为予以了高度关注。

· 设计思维是一种设计者用来解决复杂问题的思维方法。在我们思考如何提供最有意义的员工体验时，在领导力和人力资源领域，设计思维变得越来越流行。

· 敏捷绩效管理不再实行强制性的评分制，而是重点关注管理人员在给员工提供定期培训和持续发展机会方面所起的作用，以使员工最大限度地利用职业体验来实现个人目标和提高满意度。在未来的5~10年内,该方法将会被大多数公司采用。

· 约翰·杜尔的目标公式"基于关键成果的目标测量"指出,目标是一种给人印象较深的定性的要求,而关键成果是衡量员工目标实现进度的重要指标。该目标的设定过程统称为OKR。

· 最佳OKR是透明的,也是公开的,组织内每个人都可见。它可以是短期的,能够在较短的时间内快速完成,并根据公司和行业的变化进行调整。而且,它的设定也不麻烦,并不需要花费很长的时间,查看该系统的人也很容易就能了解员工的具体目标。

第 八 章

对教科书式的典型CEO说再见

2017年,为了完成一项大型文化变革项目,我咨询了一家美国金融机构的团队负责人。我们暂且叫他"本"(Ben)。本是一名29岁的职业审计师,5年晋升了两次,现在管理着一个12人的团队。和我通了几次电话后,他邀请我去他办公室,观摩一场他们的会议。"你会非常清楚地了解我们是如何做事的。"

　　我同意了。在一个湿热的夏日,星期五早上,我出发了。本的公司位于芝加哥的一座摩天大楼里,这里的安保比华盛顿参议院大楼的还要严格(我不是在开玩笑)。大楼里空调开得很低,我打着寒战,穿过了一个又一个金属探测器。等我到了楼上,会议已经开始了。当我到达会议室时,讨论正进行得热火朝天。我在一个角落安静地坐下,拿出笔记本电脑,打开了一个空白文档。

　　观摩了10分钟后,我仍然无法确定谁是领导者本。本的团队里男女老少都有,并且他们来自不同种族。更重要的是,每个人都在参与讨论，每一位参会者都有一个对其他人来说似乎很关键的议题和观点。没有人可以独断事情如何发展或者独自做出决定。事实上，本即使对每个人的生计负责，也不能主导会议的进展。

散会后，一个健壮的红头发男子带着迷人的微笑站起来，和我握手。"亚历山德拉，欢迎你。很高兴见到你本人。我是本。"

"你知道，"我说，"我得告诉你。不是你自我介绍，我都不知道哪个是你。你开会的风格跟典型的经理不一样。"

"我希望不一样，"他回答道，"因为我不是典型的经理。我在这个团队里没有什么特别的。我们都扮演不同的角色，会上我没必要比其他人多说什么。"

这种互动确实说明了"千禧一代"领导带来的明显的文化转变。正如前面提到的，由于人口结构的变化，"千禧一代"或1980年至1995年出生的人比前几代人开始更早进入管理层。在第一章中，我们谈到我调查了德勤1200名"千禧一代"员工，他们分别位于巴西、加拿大、中国、德国、印度、墨西哥、英国和美国等8个国家。这项研究表明，"千禧一代"天生反对等级，推崇协作性。很多人，比如本，并没有看到晋升或成为"老板"的内在价值。对于他们来说什么重要呢？他们如何以自己的技能鼓舞他人并推动组织的发展。本章将探讨这些问题，并介绍"Z一代"，追溯其命令和控制型领导风格如何变得更加透明化，适应性更强，更加扁平化，并更适合21世纪中叶的职场。

如果你是"婴儿潮一代"或"X一代"的领导者，将21世纪中叶的

组织交到有能力的人手中能使你公司的利益最大化。但是正如你可能想象的那样,确保"千禧一代"效能的轨迹和你曾经通往成功的轨迹是不同的,并且更为复杂。德勤的研究表明,"千禧一代"的员工清楚地了解哪些体验能加快自身发展。他们非常乐意在挑战中实现目标,从零开始建立团队,并获得跨职能的专业知识。目标达成体验以及管理负责关键业务成果的团队,对于巴西、中国和墨西哥等新兴市场的"千禧一代"来说至关重要。在加拿大、德国、英国和美国等较为成熟的市场中,"千禧一代"希望能有分配的导师,有机会和高管并肩工作。

"千禧一代"的职业发展

未来想成为领导的"千禧一代"员工最担心的是缺乏具体体验。我们的研究发现,超过45%的"千禧一代"员工表示,他们不想为了当领导而当领导。有一点是肯定的:"千禧一代"员工想尽快获得领导体验。他们告诉我们,组织需要改变,要提供正式职称之外的领导机会,以便他们掌握决策和解决问题的能力。"千禧一代"员工希望能参与跨职能和跨行业项目,增加与高层领导的互动,这两项在所有期望的学习体验中排名第二和第三。"千禧一代"的发展可能会集中在以下几个方面。

· 基于优势的领导力

马库斯·白金汉（Marcus Buckingham）和盖洛普公司联合开发的基于优势的领导力模型指出，每个人都有固定的人物属性或个性主题，例如联系性、专注和自信。这些主题可能会使人们在学习某些技能时很轻松，但学习其他技能时会很费力。通过发现员工的优势，组织能更有效地部署员工，降低员工流动性，提高员工干劲，增加创新并提高绩效。

基于优势的模型不仅适用于"千禧一代"，也可以进行推广。例如，作为团队领导，你可以使用优势评估或优势清单等简单的工具帮助每一位"千禧一代"员工深挖自己的优势。"千禧一代"喜欢公开分享自身的优势，你也可以为每个团队成员创建一个个人资料在线页面。有能发挥其优势的项目时，同事可以联系他们。

· 基于项目的导师制

"千禧一代"员工也非常重视学徒制。在该模式下，他们可以在典型项目中或非典型危机下与高层领导并肩工作。在具体责任和现实情景中，学徒制有助于培养新任和准"千禧一代"领导者，并且风险较低。为此，怡安、苏黎世和埃森哲等许多有远见的组织纷纷开始采用学徒计划，基于项目的导师制从而可以蓬勃发展。学徒计划为具有高潜力的未来领导者提供了一条在知名公司立足的路径，既能让他们谋生，又能让他们掌握对组织至关重要的能力。

基于项目的导师制将员工发展交由多个人来负责，而非一位忙

忙碌碌的主管。每个"千禧一代"员工都可以与不同的团队成员共同处理项目,而所有团队成员也都了解年轻员工的优势和职业目标。在单个项目中,"千禧一代"领导者可能需要跳出舒适区(例如董事会会议),就适当的准备工作、行动进行积极指导。

导师制不是为了让"千禧一代"领导者失败或自信心受挫,而是方便小规模干预,改变可能产生负面影响的不良习惯。和优势模型一样,你可以马上将基于项目的导师制应用到你的组织中。例如,用于推广能驱动在职学习的行为。每位经理都应该有目的地规划,并将每一位"千禧一代"员工的发展融入工作中,找机会进行指导,并展示你组织内的突出贡献。

· **多样化团队管理**

每一位"千禧一代"员工在被正式提拔为主管前,都应有机会去管理一个团队。例如,让"千禧一代"领导者到国外办事处出差,监督项目一个月,或指派一项需要"千禧一代"领导者与多部门密切合作的项目。

· **强化领导沟通**

考虑实施一种将回复限制在140个字符以内的按需评估系统。例如,"千禧一代"员工做完报告后,可以联系不同的与会者,来确定评论接收度如何,内容是否相关以及哪些需要改进。但是,由于必须用一两句话回答,反馈者必须仔细考虑能产生最大效果的细节。根据德勤的研究,"千禧一代"习惯通过文本和社交媒体进行沟通,所以他们比较接受短的格式,并且重视将回复整理成绩效仪表盘,从而追踪自己的职业发展和进步。

　　与此同时，技术并不是万能的。作为领导者，你需要帮助"千禧一代"员工提升面对面的沟通技巧。你应该带"千禧一代"顶尖人才参加高层会议，确保他们与客户及合作伙伴能融洽相处。尽可能让他们接触不同的内部和外部团体，从而使他们能熟练地与不同的受众沟通。

"Z一代"的到来

　　"千禧一代"是现在和未来的领导者，他们无疑很重要。但出生于1996年至2010年的"Z一代"呢？现在，年龄最大的"Z一代"已进入职场，并且和我们对"千禧一代"的期望大不相同。

　　"Z一代"主要是婴儿潮晚期和"X一代"的子女，是一个相对较小的群体。还记得我们在第一章谈到的生育率下降的问题吗？年轻的"Z一代"无疑是这一趋势的产物。并且，至少在发达国家，"Z一代"来自不同种族和宗族，不太在乎自己的面貌，而是更关注他们的信念。例如，我10岁的儿子有一个朋友，1/4是中国人血统，1/4是墨西哥人血统，1/4是非裔美国人血统，1/4是犹太人血统。如果你问他关于他种族的问题，他会显得很困惑。"我什么都不是，"他会说，"嗯，或许是美国人？"

　　与"千禧一代"的哥哥姐姐们一样，"Z一代"不是特别理解多元化计划的目的。所谓的多元化计划目的是让一间屋子里拥有相同数量的不同类型的员工。"我们为什么还要强行推行这种多样性呢?"一个大学生最近问我,"如果我走进一个公司的大厅,不能随意看到一群长相各异的人,那肯定是有问题的。"对于"Z一代"而言,真正的多样性和包容性是认知上的,这意味着每个人的背景、观点和看法都要受到尊重,不论他们的级别或角色如何。

当我为《纽约时代》撰写一篇有关"Z一代"的文章时,我了解到这一代人比较独立,资源比较丰富。作为第一代数字原住民,"Z一代"从小学会了如果想要知道什么,就去问 Siri 或谷歌(而非父母或老师)。他们已经主导了自己的教育,得益于互联网的覆盖和全球连接,他们比以往任何一代都要更早地开始职业生涯和解决社会问题。他们不等待任何东西,也不等待任何人。

当我在 2004 年开始谈论"千禧一代"时,年龄最大的才刚刚进入职场。坦率地说,公司对他们并不在意。我警告领导们说,他们需要改变做事的方式,但是直到几年前"千禧一代"劳动力的参与率达到临界水平时,领导们才开始慢慢痛苦地接受我的建议。

我希望我们不要对"Z一代"犯同样的错误。我们现在正处于一个转折点:如果我们努力去了解他们想要什么和需要什么,我们就可以进行相应变化。到本世纪中叶,我们的组织将完全成为"Z一代"想要工作、成长并最终主导的地方。这些有关"Z一代"的见解一部分来自 Universum 在 2015 年的一项研究,一部分来自我自己对这个群体的

工作经验,应该会对你有所帮助:

· **建立早期联系**

"Z一代"在小的时候就形成了深厚的、与职业相关的纽带。你应该与当地的高中发展关系,邀请"Z一代"来公司参观,参加课程学习,并跟着员工学习。一旦你遇到一个有前途的"Z一代",应该与其保持联系,并为其提供持续的职业指导。

· **改变你对高等教育的看法**

"Z一代"的人认为,除非你知道自己想做什么,而且这条路有专门的学位要求,否则可能没有必要上大学。他们并不一定认为自己应该花这个钱,所以如果你要求学位,就要准备好解释原因。也可以考虑与大学合作开发相关课程,并融入实际体验中来。

· **发布合适的招聘信息**

"Z一代"的人看重工作稳定、有竞争力的薪水和福利,以及明确的晋升机会。目标很重要,但他们希望自己找到目标,而不是依赖公司。推广一种基于业绩的奖励文化,而非任期的文化,新员工将有机会在同事中脱颖而出。

· **采取零工心态**

"Z一代"的理想公司是少一些官僚作风,少一些等级制度,多一些创业精神的。"Z一代"喜欢以项目为基础的工作,同时追求多种职业道路,创办旨在从爱好和其他兴趣中赚钱的企业。我们前面描述

的"轮岗"模式非常适合他们。

· **接触多元化事物**

"Z一代"将乐于尝试各种职能,并在工作的第一年学习尽可能多的可转移技能。我们在第六章中谈到的定制职业方法对"Z一代"来说是必不可少的,他们每个人都希望自己有一个独特的职业情景。

· **呵护他们的弱点**

由于他们完全依赖技术,"Z一代"的人缺乏人际交往的技巧。然而,他们热切地想要改进,更喜欢面对面的导师指导,来探索诸如"什么时候表情符号合适?""为什么不把商务邮件中的你进行缩写(把you缩短为u)?"也就是说,"Z一代"重视独立和隐私,所以不要强迫他们通过开放的办公室和集体行动来进行持续的合作。

· **充分利用他们的技术悟性**

"Z一代"将率先实时地采用新技术,并构建人机混合团队。因此,他们会比"千禧一代"更早成为领导者。

说到领导力,《工作中的"Z一代"》(*Gen Z @Work*)的合著者迪普·派特尔(Deep Patel)分享了"Z一代"所认为的当今领导者应该拥有的特点,以及他们想象自己在成为领导者后也会具有的特点:

· **包容性**

寻求与不同类型的人建立联系和学习的机会。

· 好奇心

有动力了解周围的世界,迎接新的挑战,去改善他人的生活。

· 自我激励

通过远程工作和灵活的办公时间,为员工提供自由和责任,让其自行履行职责。

· 慷慨

致力于不仅仅是提高底线。

· 毅力

对自己的努力和障碍保持透明,准备好克服障碍。

告别命令与控制型领导力,迎来变革型领导力

命令与控制型,即"老板说什么就做什么",是将对人和流程的控制权集中在一个人或一个团队上,这在大多数当代组织中仍然是存在的。独裁式的领导方式源于军队,并在企业界蓬勃发展了几十年,但正逐渐走下坡路。

命令和控制型认为"教科书式的 CEO"总是知道最佳方案,必须设定一个长期战略,且没有人可以偏离这一战略。合作是被迫的,任何反抗都会被压制。如果外部条件发生变化或领导人遇到障碍,他们会迅速处理,从而尽可能地坚持原来的战略。

至此,你可能已经猜到为什么命令和控制不再适用了,但是最显

著的原因是命令和控制型限制了参与和对话,阻碍自主性和灵活性。它们更适合稳定的环境,而21世纪中叶的商界显然不是这样。

在上一章中,我们讨论了最有效的职场文化是如何将个人目标与组织的更大目标联系起来的,是激励和鼓舞员工参与并致力于实现愿景,而不是告诉他们别无选择。这有时被称为变革型领导力,21世纪开明的领导人已经放弃了命令和控制,转而使用以下指导方针灵活地管理他们的组织:

· 不要认为每个人都同意你的观点

即使你觉得某个观点看起来很明显,也不要认为多数人都会支持你的观点。例如,人们很容易认为每个人都会自然地支持某个计划,但是如果没有在整个组织的所有职能和角色的小组中进行民意调查或焦点小组座谈,那么你就不能确定任何事情。即使你正处于高速增长模式,并承受着采取行动的压力,在扣动扳机之前也要尽职尽责。

· 展现你的激情

有必要为你的战略建立一个具有丰富的理性和客观论据的坚不可摧的商业案例,但不要忘记激情。除非人们能感觉到你试图解决的问题,否则他们不会主动帮助你。不过,这里有一个折中的办法。你必须创造一种紧迫感,但不要让人觉得你做得太过了。

· 乐于沟通

你的策略应该包括推出特定的计划和时间线,但是还应该为经理和员工提供回旋的空间，以便他们定制自己的实施方案，并在工作上添加自己独特的标签。如果你表现得像个独裁者，事无巨细地管理每件事，那么你或你的倡议就不太可能受到组织的欢迎。

· 等待时机，扣动扳机

没有什么比让员工从公司外部了解事情更能削弱你的领导力。尤其是如果你在一家大型或上市公司工作，细节可能会被有意或者无意地泄露给分析师和记者等外部利益相关者。如果你不想出师不利，让一群愤怒的员工在网上看到你的计划，那就强调保密，直到你准备宣布为止。

· 注意诋毁你的人

避免冲突是人类的天性，但碰到对立的观点、直接或间接地试图阻碍你进步的事情，如果你戴着有色眼镜，你就会给自己招来麻烦。与之相反，你应该预见会出现哪些反对意见，谋划应对策略，并和持不同意见的人系统地沟通。

· 执行完善的推出计划

说到沟通，要认识到定期向组织通报的策略对任何计划都是至关重要的。确保你有足够的资源来完成你的目标，并和人们进行交流。针对不同组织团体的需要，传达你的讯息，经常征求反馈意见，并建立促进持续双向对话的系统。

· 专注于眼前的胜利

通过不断奖励短期目标的达成来增强兴奋感和责任感。此外，不要过于严格地坚持原来的计划。要想在长期变化中获得成功，就需要根据业务的起起伏伏不断重新评估和调整目标。

聚 焦

公民开发改变了系统的构建方式

信息技术领域也开始推行从命令和控制型领导力到变革型领导力的转变。曾几何时，如果你想要使用一项新技术或构建一个应用程序，你必须说服信息技术部门这是一个好主意，然后等待别人来进行这项工作。

但是，得益于一种公民开发运动，信息技术领导力已经成为正式员工的权限。根据高德纳（Gartner）发布的"信息技术词汇"，公民开发者指使用信息技术认可的开发环境创建新业务应用程序的用户。只要员工理解应用程序设计和开发背后的基本原则，就不需要学习既往必要的编程语言，所以公民开发运动有其可能性。

自主开发平台减少了信息技术的积压，使公民开发者能快速构建和实现应用程序，这些应用程序能体现信息技术解决方案，但又不需要那么复杂的技术。自主开发平台的报告功能还能更清楚地显示哪些项目有可能被卸载，其定制化便于更广泛的应用。

　　促进公民开发运动开展的最佳文化是自助服务文化，它鼓励员工进行试验，使更多人获得掌握信息技术的权利。公民开发运动的参与者能够方便地访问高价值的数据源，熟悉现有平台的定制和配置。公民开发活动的优势在于，信息技术能确定在不同情境下（特别是与角色和权限、集成和报告生成相关的情境下）在多大程度上参与到个人的活动比较合理，而且公民开发运动的参与者能在规则内操作。

　　处理得当的话，公民开发活动从一开始就能产生商业价值。根据 QuickBase 的一项研究，29% 的公司发现，自采用这种方法以来，应用程序的开发速度提高了至少两倍；62% 的公司表明，构建一个应用程序平均花费的时间不到两周。这些结果得益于灵活性和敏捷性的提高、官僚作风的减少和开销的降低，以及控制问题和成本的下降。

　　尽管公民开发运动在所有职能中站稳了脚跟，但人力资源主管仍处于领导地位。例如，"为发展而努力"是一家致力于社会变革的非营利机构，要靠很少的运行预算来最大限度地造福社会，并为资助者和捐助者创造投资回报。该组织一直在勉强使用过时的系统，但认为组织问题更重要，不应因过时的技术而浪费时间，并且它也没有信息技术部门。因此，组织将大量业务转移到云空间，并鼓励公民开发运动的参与者构建和管理自己的应用程序。

尤其是人力资源部门当时要处理纸质文件，使用的是一个笨重的数据库。所以该组织开发了一个应用程序，将团队的所有数据集中到网上同一个地方，并创建了一个前置仪表盘和工作流，这样各个主管就可以处理福利和与其他人力资源相关的项目。

"蓝桥"是一家为旅游局和教堂等开发移动应用程序的公司，但其内部员工沟通却存在严重问题，所以人力资源主管创建了"桥上生活"应用程序，将所有人力资源职能聚集起来。"推送"通知为员工提供了实时参与的机会，使其收件箱免于被公司的公告淹没。此外，该应用程序包括以下功能：为新员工提供入职培训，包括全体员工的照片目录，这样新员工能快速回想起员工姓名，并找到合适的人帮助他们完成工作；参与度调查；差旅和费用政策；当前的无线上网密码；连接员工和其工资及401(k)账户的中央门户。

在公民开发运动的趋势下，员工不再受制于信息技术的瓶颈，可以利用技术来解决业务问题。

21世纪领导者的必备技能和特征

我们在第三章讨论了学习敏捷度如何成为一种思维模式和实践,使领导者不断开发、提高和利用新的策略去应对组织内日益复杂的问题,这对于积极进取的全球领导者来说至关重要。此外,以下七个方面值得特别关注。

没有人拥有全部技能,并且部分技能对你而言可能会比其他技能更容易获得;简单评估一下你在每个领域的能力;对于那些你不是特别熟练或没有经常实践的领域,找导师进行模仿,并完成练习,逐步提高你的能力:

·仆人心态

要能分享权力,把他人的需求放在首位,帮助他人发展,并有更好的表现。

·说服力

这种能力指通过使用书面或口头文字传达信息、感觉或说理,改变某人或团体对某事件、想法、物体或他人的看法或行为。

·认知灵活性

在两个不同概念之间转换思考,并同时思考多种概念。

·发散思维

对各种可能保持开放的心态,包括那些非典型的解决方案或最

初不明显的选项。

- **数据感知力**

从各种不同的信息技术系统中获取原始输出,然后形成连贯的、有见地的叙述。要能将人、流程、数据和设备连接起来,从而做出更好的商业决策,准确预测行业和组织的未来。

- **压力和不确定性耐受力**

面对困难或模棱两可的情况能保持放松和镇定。积极的压力承受能力是指能保持冷静,不被强烈的无助感和绝望情绪冲昏头脑。

- **大胆**

为了更大的利益而大胆冒险的能力和意愿,不受习俗或礼节的约束。

聚 焦

合弄制:自我管理的团队和美捷步的试验

合弄制是一种相对较新的管理结构,赋予员工权力,使其做出有意义的决策,并推动变革。合弄制的角色围绕工作而非由人来定义。一个人通常承担不同的角色,并且经常更新。组织结构是流动的,权力是分散的。更重要的是,每位员工(包括CEO)被同一个规定限制,且规定对每人都清晰可见。

也就是说，如果真的有首席执行官的话。根据未来猎人公司的报告《新人文主义劳动力的崛起》(The Rise of the Neohumanic Workforce)，瑞士奢侈品公司历峰集团宣布，首席执行官理查德·勒佩(Richard Lepeu)卸任时将不会有继任者。"该公司将成为少有的没有高管的公司之一。一些公司依靠委员会和共识自治，他们的领导者表示，这种结构促进了合作，并加强了各个级别的决策。"报告还讨论了分散自治组织众包投资基金，这是一个完全自治的企业，没有人类领导者。相反，投资者使用数字货币来换取特殊的代币，从而投票决定如何分配资金。

全球投资管理公司"桥水"正在开发一种使公司日常管理自动化的软件，包括招聘、解雇和其他战略决策。公司中许多人员的角色是设计系统决策标准，在出问题时进行干预。根据未来猎人的报告，该工具和其他工具就是PriOS的早期应用。PriOS是一款全面管理的软件，桥水总裁兼创始人达里奥(Ray Dalio)希望在未来5年该软件能做出75%的管理决策。

但是，在更传统的合弄制中，核心是自我管理的人类团队。自我管理的团队指一群负责产品生产或提供服务的所有或大部分方面的员工。自我管理的团队经高级领导者授权独立运作，并获得达成预定业务目标所需的资源。

　　员工喜欢初创公司的原因之一是，在一个小团队，员工必须减少繁文缛节才能做好自己的工作。自我管理的团队采用团队所有权的理念，即不需要像在传统的层级公司中额外寻求批准，便可采取行动。较少官僚作风意味着可以更快地提供产品或服务，也就意味着更低的成本和更高的利润。

　　自我管理的团队通过定期召开会议来确保员工在最佳的发展方式上保持一致。他们在小范围内达成共识，然后迅速行动，避免出现有问题的状况，像从不同高管那里接到不一致的前进命令，然后停滞不前，直到某一关键的沟通内容慢慢传达下来。

　　几年前，美国鞋业零售商美捷步一跃成为最极端的合弄制公司和自我管理团队，引起了全世界的关注。美捷步取消了层级制度，取消了所有头衔，并邀请员工组成朝同一目标努力的"圈子"。它鼓励员工积极主动，有权随时改变自己的角色或日常职责。因此，美捷步的员工更注重个人的职业发展和公司的成功。

　　此外，由于与其他团队合作非常容易，美捷步的员工更有可能扩展自己的技能，获得跨职能的专业知识。公司甚至将这一想法制度化，推出"角色市场"。这是一个内部工作公告板，上面列出了其他团队需要完成的特定任务以及他们提出的时间承诺。角色市场为美捷步节省了大量的招聘和签约成本，如果员工认为目前的工作量太轻或者渴望尝试新事物，那么就给每个员工展翅高飞的机会。

通过参与另一团队的项目，员工可以获得展示他们新体验的勋章。一旦你获得了一个勋章，就更有可能被选中和该团队一起做另一个项目，因为你已经证明自己是合格的。

你可能会想：如果没有老板，那么谁决定你是否应该加薪，或者和你共事的同事是否应该被解雇？显然，有圈子专门负责这些事情。作为一名员工，你必须向此类圈子提出请求。美捷步也有绩效评估，但如何评估取决于个人的圈子。

当然，美捷步并不完美。首先，大多数公司都不是合弄制的，所以美捷步的员工应如何与其他公司合作呢？他们如何决定谁应该和某个特定的合作伙伴、供应商或客户联系和见面呢？如果两个员工想要同时启动相关的项目，但公司仅为一个项目提供资金时，由谁来决定？如果你正是

那种需要一个老板的人，那会怎样？

美捷步不得不解决这些问题，并且在最后一个问题上立场坚定。刚启动合弄制不久，首席执行官谢家华（Tony Hsieh）宣布，任何不参与新架构的人都可以拿3个月的遣散费后离职——这是没有恶意的。而且确实有很多人离职了。扎克·古兹曼（Zak Guzman）发表在CNBC.com网站的一篇关于美捷步的文章中写道："最后，18%的员工选择离开，媒体嘲笑这一激进的管理试验过于复杂且混乱。令谢家华懊恼的是，媒体没有注意到，82%的美捷步'员工仍继续工作'这一事实。"

随着2030年的临近，合弄制会成为一种更典型的结构吗？我猜测它可能比现在更常见，但主要是在初创公司。对于许多传统组织来说，这将是一颗难以下咽的创业药丸。

21世纪的女性领导者

2016年，全球智库公布了两项关于女性领导力的重要研究。首先，咨询公司安永（EY）和彼得森国际经济研究所发现，与没有女性领导者的类似公司相比，女性领导者占30%的公司净利润率多了6个百分点。然后,麦肯锡在一项后续研究中发现,性别多样性排名前25%的公司在盈利能力方面比排名后25%的公司高出22%。

一份由约翰·格泽马(John Gerzema)和迈克尔·德安尼奥(Michael D'Antonio)撰写的研究报告被称为《雅典娜学说》(Athena Doctrine),它对13个国家的6.4万人进行了调查,探究领导力成功的最基本特征。如果看一下这份报告,就不难明白为什么有更多女性领导的组织会走在前列。我们之前提到的独特的21世纪变革型领导风格强调了与女性更普遍相关的情商,包括同情心、公开表达和协作。

然而,现在尽管发达国家的女性几乎占劳动力的一半(中层管理人员以下),并且一大半具有本科学位,但是在组织的最高层,女性还是寥寥无几。福布斯网站上最近发表的一篇文章显示,七国集团中近四成企业根本没有女性高管,在全球范围内女性担任高管的比例仅为24%。

如果女性真的更适合在新商业时代担任领导角色,那么为什么我们不尽快对此进行改变呢?如果女性不压制使其成为优秀领导者的性格特征,而像男性一样做事,则女性很难晋升。正如第三章所述,我们现在正采取措施缓解的无意识性别歧视可能是最重要的罪魁祸首。VitalSmarts研究院的约瑟夫·格雷尼(Joseph Grenny)和大卫·麦克斯韦(David Maxwell)阐述了这一观点。两位研究员最近发现,当女性表现得自信或强势,违背关爱、体贴等根深蒂固的文化对女性的期望时,女性的感知能力会下降35%,应得的报酬则会下降1.5

万美元。

但是,正如在我为《快公司》撰写这一主题文章时,伦敦商学院教授琳达·格拉顿(Lynda Gratton)告诉我的那样,我们不应该失去希望。"社会规范变化之快令人惊讶,"她当时说,"我看到我的儿子们被教导不要对男性和女性做的事情有任何假设——当然,现在越来越多的年轻人是由职业母亲抚养长大的。因此,在社会上某些地方,性别偏见可能被视为明日黄花。"

而且,我们正接近一个临界点。正如我们提到的,越来越多的组织认识到女性领导者可以创造财务效益。除了原始的盈利因素之外,女性导师计划呈现爆炸式增长。从"百万女性导师"等倡议到谢丽尔·桑德伯格的《向前一步》和旨在帮助高潜力女性雇员获得强有力支持的公司倡议,女性确实开始慢慢进入一个由老男孩俱乐部统治了数十年的精英世界。

工作结构的演变也有利于女性领导者。整体上更大的灵活性意味着女性可以花时间抚养孩子或照顾年迈的父母,但不会完全放弃上升的职业动力。随着虚拟团队越来越普遍,女性员工可能会受益,因为非面对面环境中歧视和偏见没有那么明显或重要。

在本书中,我们讨论了雇员和领导者在未来10~15年将如何演变。但是,组织本身会怎样?最后一章将讨论组织结构的变化,领导者应该如何为新型公司树立品牌和招聘员工,以及实时声誉管理和员工倦怠等未来突出的问题。

行动计划

回答下列问题,为 2030 年的职场做好准备:

1. "千禧一代"员工在你的组织中扮演什么角色? 你可以采取什么方法来创建或改进针对"千禧一代"的领导力发展方法?

2. 现在有什么计划来招募和留住"Z 一代"员工? 你能从其他领先一步的组织中学到什么?

3. 你的组织仍然在实行命令和控制领导风格吗? 你如何鼓励现任和未来领导人之间加强沟通和合作?

4. 考虑一下本章提到的 21 世纪领导力风格。自你进入职场以来,必备的技能发生了哪些变化?

5. 公民开发和合弄制等变革型领导力策略在你的组织中有效吗? 有效或无效的原因是什么?

6. 你认为到 2030 年你组织中的女性领导的数量是否会与男性领导的数量相当? 要达到这一目标,需要做哪些改变?

本章总结

· 确保"千禧一代"效率的轨迹和你曾经通往成功的轨迹是不同的,并且更复杂。后起的"千禧一代"领导者清楚地了解能够加速其

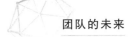

自身发展的体验类型。他们更希望在挑战下实现目标,从零开始组建团队,获取跨职能的专业知识。

· "Z一代"中年龄最大的人现已进入职场,我们正处在一个拐点。如果我们努力去了解他们想要什么和需要什么,我们就能相应地调整重心。到21世纪中叶,我们的企业将正是"Z一代"希望工作、发展并最终领导的地方。

· 命令和控制的领导风格限制参与和对话,阻碍自主性和灵活性,很快就过时了。这种领导风格也更适合一个稳定的环境,而21世纪中叶的商界显然不稳定。

· 最为成功的21世纪中叶的领导应具备以下能力:仆人心态、说服力、认知灵活性、发散思维、数据感知力、压力和不确定性耐受力以及大胆。

· 越来越多的组织认识到女性领导者可以创造财务效益。除了原始的盈利因素,女性导师计划正呈现爆炸式增长。从"百万女性导师"等倡议到谢丽尔·桑德伯格的《向前一步》和旨在帮助高潜力女性雇员获得强有力支持的公司倡议,女性确实开始慢慢进入一个由老男孩俱乐部统治了数十年的精英世界。

第 九 章

组织的核心板块

我曾经为两家全球公司提供了咨询，一家是医疗信息公司，另一家是房地产公司。两位首席执行官联系我，是因为他们觉得公司失控了。第一次见面时，每位首席执行官都谈了很多有关公司的问题。一家公司无法确定部署新数字转型项目所需员工的最有效方法，另一家公司无法定义员工能齐心协力奋斗的核心目标。两位都迫切需要建议，尽管他们的表述略有不同，但两位都认为自己的公司是一团乱麻，而他们的竞争者似乎都顺风顺水。

　　我花费了好大一会儿才让这两位焦虑的领导者相信，他们的处境并不像看上去那么糟糕。毕竟两家公司都在持续发展，都在向新市场扩张。在经济波动较大的时期他们都挺过来了。在许多组织从旧的经营方式向新的经营方式转变、从长期已建立的经营方式向短期敏捷的经营方式转变时，这些问题是普遍存在的。我告诉两位首席执行官，与大多数公司领导者不同，他们愿意承认这些全面变革对劳动力的影响。他们找到我并和我交谈,而不仅仅是为了解决燃眉之急。他们正在为掌控2030年的商界打基础。这是一件非常好的事情。

本书的最后一章主要关注组织拼图的核心板块,即随着2030年劳动力问题变得越来越突出,你必须得尝试拼凑在一起的那些板块:品牌塑造、声誉管理、公司伦理、知识产权、数字转型和颠覆、招聘和员工权利,以及全球扩张。

品牌塑造

从早期的广告开始,公司就担心自身的品牌塑造。在20世纪最后的几十年,品牌塑造大多包含创建和发布能让客户购买你的产品和服务的信息。尽管出现非品牌或新的竞争对手,但品牌是你的名片,它可以让客户选择你,并忠诚于你。品牌沟通是从公司到客户单向进行的,信息并不经常改变。

如今的品牌塑造和以往完全不同。虽然它仍然关注组织的远景和目标,并在第七章讨论的大部分文化中得到很大程度的关注,但是要复杂得多。21世纪中期,随着客户和组织进行对话以及通过实时社交渠道提供反馈,必须不断地重新审视品牌塑造,进行调整。在每天充斥着虚假信息的世界里,现在及未来的品牌必须是真实的。在容易迷失的混乱市场中,必须准确传达自身定位,组织如何以及为什么践行宣扬的理念（因为你的每一步都是有目共睹的）。此外,尤为重要的是,领导者必须意识到他们的组织品牌在公司内部和外部必须保持一致。

10年前,人力资源管理协会研究发现,超过67%的企业认为,雇主品牌是吸引顶尖人才的战略性招聘工具,近一半企业将雇主品牌作为五大战略计划之一,这一观念开始成为主流。

雇主品牌通常指使一个组织有别于其竞争对手的品质,它推行一种文化,提供某一特定类型的员工体验吸引特定类型的员工。以下三种方法将帮你建立有助于你吸引和留住21世纪人才的雇主品牌:

· 找到表达公司价值的信息

研究并了解在职员工的价值主张,就其有效性对利益相关者进行调查。进行必要的完善,确保你向核心受众提供有意义的东西;你的信息能促进组织和员工之间的感情联结;你提供的员工体验与你的信息同步。

尽管21世纪的劳动力策略必须要灵活,但需要进行说明,以建立长期的品牌塑造策略,涵盖从招聘到解聘员工的完整工作周期的各个方面。

· 通过恰当的渠道传达你的信息

无论你是股东还是客户,是潜在员工还是现有员工,在最具前瞻性的组织中市场营销和人力资源会携手合理打造并传播品牌。品牌描述会出现在公共广告、登机牌、新闻报道、活动现场和领英、照片墙（Instragram）、品趣志（Pinterest）、Slideshare、脸书等线上渠道，并且彼此之间保持一致。

聪明的公司将使用多种移动应用程序和数字内容载体来吸引受众，并培训员工成为品牌大使，这意味着他们会在社交渠道上分享正面的公司内容。随着时间的推移，组织会对员工有更高的信任度（从而减少帖子的监管），并制定一种机制来监控并及时应对品牌社交动态。

· 利用正确的度量标准

你可能熟悉与雇佣相关的典型度量标准，比如招聘周期、单位招聘成本、新员工生产力时效性、候选人满意度评分等。然而，真正成功的21世纪中期雇主品牌与良好的组织和个人表现直接相关。因此，探索更复杂的指标通常是明智的，比如质量雇佣率、外部和内部雇佣率、新员工绩效和晋升率、高管辞职或离职率。

此外，得益于预测分析技术的发展，你将能够判断你的雇主品牌通信和整体体验引起新员工或雇员共鸣的方式和原因。如今，领英等平台具有挖掘数据的功能，可以根据每个城市的招聘信息显示细分市场中求职者的数量（例如，柏林的信息技术工程师）。进一步的数据分析将使你更好地以目标人才为对象定制通信。

声誉管理

一直以来,公司内部事务会止于公司。如果正在开发的项目出了问题,出了办公室,没有一个人会再说一句话。当客户向你抱怨时,或许除了三两个朋友和家人抑或公司服务专员之外,没有人会真正关心。

但是,信息通过网络传播的速度之快意味着一着不慎,公司的国际声誉可能会立即毁于一旦。这种威胁有很多面。公司发言人可能在社交媒体上发布麻木不仁的言论。通过不受保护的员工设备,病毒会侵入你的网络,将保密数据传入云空间。一封电子邮件中关于客户的随意评论——或者对股东就公司状况说谎——可能会落入错误的收件箱,并被公开传播。路人可以用自己的手机录下令人尴尬的顾客事件,然后发布到 YouTube 上。

此外,还有像 Yelp、亚马逊、玻璃门和谷歌等评论网站。得益于此类渠道,消费者或员工拥有强大的影响力。在不当的时间发出的错误评论可能会拖垮一家公司。此外,网络回复非常迅速,很多时候公司会难以控制。这不公平吗?也许是。毕竟相较于满意的人,不满意的人更有可能会在网上发牢骚,大量的非五星好评会扭曲公司的整体声誉。毕竟,根据 2017 年克雷格·布勒姆(Craig Bloem)刊登在 *Inc.* 杂志上的一篇文章,84% 的人会相信网上的评论,就像相信朋友推荐的一样。

随着2030年的临近,网络声誉只会越来越重要。目前,声誉管理主要是当诋毁性信息在网上疯传后用来应对危机的。在接下来的10年里,大多数组织将主动行事,人工智能和跟踪软件将帮助公司打击虚假评论,以正面评论抵制负面评论,并更快地发现并解决问题。

同样,分析学的进步将放大消费者的权利,因为网上的评论将被量化,生成瞬息万变的主评论。以申请新工作为例,你的手机会发出警示,提醒你这家公司的"员工满意度"低于平均水平。你打算去某家餐厅吃饭,但突然收到有关卫生部门引文的警告,那么你可能会避而远之。换句话说,我们生活在一个评级至上的世界。

要在这种环境下有效运作,规划和投资至关重要。领导者必须设置专门负责监督和管理网络声誉的岗位,必须建立发表正面评论和回复负面评论的准则。通过最先进的工具,声誉团队将跟踪社交媒体渠道和其他相关论坛,了解有关其组织、竞争对手和行业的看法。

最后,正如Navolutions.com的运营总监乔·戈尔茨坦(Joe Goldstein)在一篇文章中的预测,语音搜索的崛起将改变未来10年的网络声誉博弈局面。"如果你使用Alexa、谷歌家居或其他即将推出的技术搜索当地的水管工,只会得到一个结果。这意味着网络声誉要么被计入返回的结果里,要么被完全忽略。"

聚·焦

百事和瞬间声誉终结者时代

装聋作哑有罪吗？如果你问互联网上的普通网民,答案通常是肯定的。

全球消费饮料公司百事可乐找来美国超模"肯豆"肯达尔·詹娜(Kendall Jenner)出演广告宣传片《活在当下》,认为这样做很酷。在这个约3分钟的短片中,正在拍摄时尚大片的肯豆加入了街头抗议。在百事刻画的虚拟世界里,"肯豆"一出场,把一听百事可乐递给了一个警察,便平息了所有冲突。

百事说,这个广告旨在鼓励观众能为共同目标团结起来,进行交流,但是百事却严重偏离了目标。相反,它给人的印象是,无论你是参加"黑人的生命也很重要"的示威活动还是女权运动,只需带上合适的饮料便无须再担心。

在这个广告发布的两天内,这段YouTube视频就获得了160万的点击量和数十万的差评。在抗议情绪高涨且一触即发的时刻,百事却缺乏品位和敏感度,所有的社交渠道都在对此喋喋不休,表示讶异。几乎没有人支持这家软饮制造商。这次整个互联网站在了同一条战线。就在你喊出"肯豆"名字的那一瞬间,百事撤回了广告,并发出道歉声明:"我们想要在全世界传递团结、和平和理解的信息,并没有打算轻视任何严重的问题。"

　　不幸的是,由于这个错误,百事很酷的形象遭受打击。对于以年轻人为消费群体的饮料制造商而言,这是致命的一击。这也说明了领导者在举行公众活动时必须格外谨慎,因为公司的一举一动将受到严密审视。虽然你不能完全防止组织、领导或员工犯错误,但你应该明白不明智决定的潜在后果。此外,一旦一着不慎,应有一个既定的程序来降低损害。

企业伦理

　　到目前为止,21世纪已被企业伦理灾难所包围。你可能还记得2001年安然公司的丑闻,这家美国石油公司在高风险会计操作的重压下倒闭。2004年,我发现自己也遇到了类似的情况,当时我所在的《财富》500强企业——软件公司"电脑联合公司"因销售违规行为受到美国证券交易委员会的调查。仅仅几年之后,由于银行不负责任地审批抵押贷款,导致了一场全球金融危机。

　　经过这一场混乱后,很多人很难再相信公司,这是理所当然的。但是,这也说明采取并实施道德的商业实践已成为并且可能仍将是

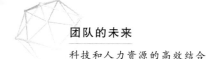
领导层的主要优先事项。在2017年的论坛上,经济合作与发展组织表示,迄今为止,反腐和反欺诈特别行动等努力还远远不够,企业需要做更多的工作来营造诚信文化。但说起来容易做起来难。在没有任何风险的情况下,制定和推广道德实践是一回事,但是当代价高昂时,领导者应如何执行这些实践呢?应由哪些群体负责维护组织的伦理?应该是高管、人力资源部门,还是法律和合规部门?如果这些群体都需要参与,那么他们为了所有人的利益应该如何通力合作?这些问题都有待解决。

21世纪第二个10年暴露出了种种弊端。例如,全球非营利智库BSR进行了一项道德研究。研究发现,强迫个人实现高销售目标而不考虑行为或道德规范给予奖励,是造成腐败的一个重要原因。通过有意识地努力抑制激励机制的意外后果,公司可以改善其道德文化。另一个问题与合规的功能相关。"合规团队被视为内部的执法职能部门,应对政府监管机构和公众的外部压力做出反应,它往往由律师和前监管人员构成。"

由于不想触犯国家法律,也不希望政府监管机构盯上自己,公司已经在内部实施了类似法律的规定。不幸的是,这导致了所谓的犯罪化遵守,或将合规视为需要通过刑法上的强制执法和裁决来解决的问题。但这种方法是无效的,反而会鼓励员工团结起来。当员工声称自己在保护高层来为自己的行为辩解时,他们未来更有可能从事不道德或非法的行为。

鉴于以上因素,公司应该如何调整自己的道德和合规方式,以便在21世纪中叶提高效率呢?

· 建立清晰的道德准则,与使命、价值观和目标紧密结合,然后确保即使在不方便的时候也能坚持该准则。

· 当你对自己的行为是否合乎道德有疑问时,回到我们第七章讨论的对企业文化的关注上来。营造一种让员工有归属感和安全感的氛围,并让员工感到自身的观点和信念得到重视。

· 道德建构因人而异,因文化而异。采取国际金融公司的《政策及绩效标准》和《联合国全球契约》使行为标准化。

· 假定在当今的透明文化中,你的一言一行最终会在公共论坛上曝光。没有所谓的机密邮件。

· 审查合规团队的技能,重新考虑其职责。鼓励合规、人力资源和其他职能部门之间的持续对话。

· 重新考虑刑事合规方法。"公司不应模仿刑法来制定合规项目,而是应关注那些行为易于变化的员工。"亨利·恩格勒(Henry Engler)在一篇路透社文章中写道。文章讨论了英国金融市场行为监管局为解决员工不当行为的根本原因而采取的举措。"行为科学模型从研究个体开始,之后回到适合用户需求和行为的原型。该方法旨在挖掘人们成为有道德的人的基本欲望。"简单地说,与其强制和惩罚,不如努力劝导。

知识产权

《顿悟Z：改变你的未来的八个全新观点》(*Epiphany Z: Eight Radical Visions for Transforming Your Future*)一书的作者及未来学家托马斯·弗雷(Thomas Frey)表示，未来的知识产权问题将关注所有权、隐私和自由权，因为新技术将很难融入现有的法律框架。在未来的几年我们将不得不应对"财产"性质的变化以及以下因素：

· **时间轴加速**

如今，大多数产品的半衰期可以用月而非年来衡量。未来，甚至会减少到天和小时。

· **非物质化**

在数字化的世界里，很少或没有物质仍可以构成创新。今天，创新可能小到一个表情符号、标签或想法。明天，或许就是一个字节。

· **价值时间范围缩短**

在过去，一项专利的大部分价值在于专利期限的最后几年。得益于数字化，一旦有了高级的竞争者，专利的先发优势便不复存在。

· **从所有权转向许可持有人**

在共享经济中，所有权的价值低于发布权、销售权和使用权。例如，优步没有拥有一辆汽车，脸书没有创造任何内容，阿里巴巴也没有任何库存。我们需要重新考虑以上情况的授权许可。

- 无国界经济

随着国家和人民之间的联系越来越紧密，我们将需要决定什么构成所有权，以及所有权属于谁。

- **科技公司力量的不断扩大**

由于缺乏真正的全球权威，脸书和谷歌等科技公司正在决定什么是合理使用，什么是原创内容，以及什么是可搜索的和可推广的内容——这让它们有能力影响甚至控制数据市场。

弗雷给出了几个知识产权问题的例子，你可以根据自身行业看一下那些需要解决和规划。例如，未来10年，收集和分发信息的个人传感器将超过一万亿个。我们在前面讨论了有关工作效率的可穿戴设备。同样，公司有权自动控制和使用员工在工作时采集的数据吗？公司如何避免传感器网络不被外人侵入、监督或窃取？如果物联网设备的无缝接口允许公司搜索和了解客户及员工的各种详细信息，谁又真正拥有这些信息呢？

无论你是在营销公司还是建筑公司工作，都要面对棘手的知识产权问题。当3D打印和扫描变得司空见惯时，谁将拥有我们身体的数字扫描？"如果有人想给我送一双超个性化的鞋子，那这个人可以查看我的脚部扫描图吗？"弗雷问道，"随着大规模打印技术——轮廓工艺的出现，打印房屋中的哪些特征可以申请专利？是打印的橱柜、艺术墙，还是打印的太阳能屋顶？"

弗雷说,无论什么行业,你的组织将越来越多地使用无人机。这些无人机具有广泛且复杂的功能,将彻底改变我们对隐私权、私人空间和基于临近性的权利的理解。但是谁拥有无人机收集的信息呢?当你的公司使用虚拟现实、增强现实及人工智能创建程序时,同样会出现知识产权问题。例如,谁拥有VR仿真编译的有价值的"反应数据"?VR体验是否可以申请专利、版权或受其他方式保护? 人工智能"实体"能够获得版权、专利、许可或被出售吗?

除了解决上面这些不是一朝一夕或凭空发生的复杂问题之外,你可以采取措施来保护公司当前和未来的知识产权:

· 强调数据安全和保护,教育员工和利益相关者如何存储和共享专有数据。

· 所有知识产权使用同一个技术平台,以便管理和更新,并消除冗余内容。

· 发展员工技能,征求客户反馈,以改善知识产权。

· 采用机器学习算法等人工智能技术来阅读、分析和申请专利,并且组建团队和分享知识,创造尽可能多的新的知识产权。

· 抵制保密的冲动:共享知识产权,共同进步,和其他公司建立联系,通过安全的区块链系统可以放心地交换信息。

· 咨询人类知识产权和专利律师,但坚持要求他们用数据支撑提供的建议和结论。

数字转型和颠覆

我们在本书中已经讨论了很多关于新技术如何影响职场的问题，但是我们还没讨论公司该如何去解决这些问题。这条路径被称为数字转型或将公司全部或部分业务网络化或转换成其他计算机媒介的过程。在大多数公司里，完全的数字转型是一个漫长的过程，至少在一定程度上具有破坏性。部分同事肯定会反对变革，支持保持现状，而着眼未来的领导者需要一些策略才能拉拢他们：

·进行对话

在你试图说服同事直接参与某项计划之前，先提供一个安全空间，大概讨论下造成的干扰。可以问下面的问题：在你的公司中，你发现了哪些基于技术的干扰？对于现有的流程实行新技术时，你关注什么？

·参加具有前瞻性的行业活动

在有关数字转型和颠覆的会议上，你和你同事进行的会议和对话将把你的思维带到另一个层面。鼓励你的同事和员工亲自了解数字转型和颠覆的含义，看看他们能为增长和利润做些什么。活动可能因行业而异，但一些不错的活动包括"技术破坏"大会、世界商业论坛和财富增长峰会。

· 雇用外来者

领导可以数十次重复相同的信息,但没有人会认真听,除非这个信息是从外部专家级别的顾问口中说出的。谈到接受颠覆时,聘请一个顾问或团队,你可能会取得更大的进展。与更大的市场相比,他们能够客观地描述你的组织的数字转型状况,并能够提供方向和下一步策略。

· 定期进行市场干扰因素分析

也许你所在的行业,数字转型可能看起来还很遥远,无关紧要或者可有可无。公司往往比较保守、被动,关注的是眼前业务上的蝇头小利,根本没有远见。使用市场干扰因素分析数据(对产生新的竞争威胁的公司的概述),为你的领导者把这些点连接起来——为什么颠覆性变革需要立即关注? 谈利润损失或客户流失更有可能引起部分领导者的共鸣,而不是说"我们真应该尝试新事物"。

· 抵制与世隔绝的诱惑

确保你的公司有渠道接收来自各方面的指导。例如,咨询委员会会倾听在不同领域担任不同角色的员工的声音,他们将为数字转型提供一个全新的观点,这是其他方法做不到的。当你了解了市场走向,通常你就可以从比你所在行业发展快一两年的其他行业中获得线索。

· 依靠公众风潮

数字转型断断续续是很正常的。作为一个领导者,你需要在你的组织中煽动点小火,可以是一个小项目或计划。这些小火苗会随着人数或团队的增加积聚热量,直到公司真正准备好在企业范围内推行。

· **聆听新员工的声音**

新员工之所以新,是因为他们曾在其他地方工作过。他们在之前的工作单位可能接触过高效的办事方法。鼓励新员工畅所欲言,谈谈他们看到哪里有数字转型的机会,他们建议你做出哪些改变。此外,就那些在之前公司不起作用的方法征求他们的意见,毕竟每个成功变革的背后都会有更多的失败。也许你可以不必犯同样的错误,就可以从这些见解中吸取经验。

· **展示你的技术**

当现有的信息技术系统存在明显的交互操作性、集成和编程问题时,数字转型就很难实现。依赖现场基础设施(硬件等)将使你的速度变得更慢,因此尽可能使用移动、云和开源模型以及我们在前一章中讨论的低代码或无代码开发平台,来部署数字解决方案。

招聘和员工权利

领导者总是想着留住最优秀的人才,而人才流失是一个无法回避的问题。除了改善我们的组织文化和整体员工体验,21世纪的技术也在帮助我们更有效地寻找、招聘和培训员工。更重要的是,技术帮助我们避免成为人类弱点的牺牲品。

我们在第三章讨论了有关性别、年龄、种族等的无意识偏见或无意识态度，我们没有意识自己有这些偏见或态度，甚至按此行事。以下新兴的企业和技术使招聘成为精确科学：

· Scoutible

当应聘者在这个招聘网站上玩冒险类电子游戏时，系统会收集数百个数据点来衡量应聘者的各种特征，例如解决问题的能力和风险规避能力。然后生成数字评估，评估应聘者是否会在指定的角色中脱颖而出。对于某些角色，如销售员和客服代表，Scoutible 已经建立了基线指标，不同员工之间可以进行轻微的调整。对于不太确定成功蓝图的职位，Scoutible 会与其他公司合作，从既往擅长相同或相似角色的员工那里收集数据。Scoutible 目前的客户范围从初创企业到大型企业，包括技术公司、零售商和对冲基金经理。就一个 101 人的销售部门而言，Scoutible 的游戏预测工作绩效的准确性是传统面试的 4.5 倍。

· GapJumpers

GapJumpers 通过在线盲试来解决隐性偏见。申请者会收到工作相关的任务。例如，网站开发人员需要创建一个网页，之后招聘经理会评估完成的任务，但不会看到任何个人标识符，包括姓名、性别、工作经验或教育背景。根据人力资源管理协会的博客，GapJumpers 和 BBC 及《卫报》等机构的客户发现，和基于简历的筛选相比，来自传统的弱势群体的申请者最终进入面试的人数增长了60%。

· **Textio**

这家公司创建了一个人工智能系统，目前 Nvidia，CVS 和 Evenote 都在使用。该系统会审查4000万个职位列表，并考虑结果：多少人提交了申请，该份工作空缺了多长时间，以及工作描述吸引或不吸引哪些人。基于以上数据，预测引擎会提供反馈，说明职位描述是否有可能吸引不同的求职者，并建议如何用更中性的语言组织职位描述。

· **SAP Success Factors**

Success Factors 指出了九个关键决策点，在这些决策点上，无意识偏差会影响经理对招聘、升职和员工生命周期中的其他关键点的思考。公司使用人工智能和机器学习，在技术中加入一些元素，让领导者更清楚自己的行为。

· **ADP**

这家全球薪资公司的"薪酬公平探索"服务为领导者提供了分析员工薪酬数据和发现不公平现象的工具。该服务会识别特定的均等就业机会委员会（EEO）受保护阶层（性别、种族/民族等）员工群体的潜在薪酬差距。此外，该服务有助于更好地了解特定类型员工间的薪酬差距，以确定是否需要对其他因素（绩效、任期、教育等）进行额外的分析。

· **Unbias.io**

许多研究表明，我们对名字有偏见。标有"詹姆斯"等典型的男性名字的简历和申请材料会比标有"简"等典型的女性名字的得分更高。研究还发现,人们对非裔美国人读音的名字存在明显歧视:白人名字收到的面试回电要高出 50%。Unbias.io 是谷歌 Chrome 的扩展,在领英上使用标准和招聘人员账户搜索和查看资料视图时,姓名和照片将被移除,从而减少无意识偏见的影响。

· **Blendoor**

同样地,Blendoor 从公司现有的求职者跟踪系统和在线求职公告栏中获取求职者的数据。求职者的资料会被"打乱或不显示"姓名、照片或日期。此外,Blendoor 会收集均等就业机会的人口数据,以支持基于种族、性别、性少数群体(LGBTQ)、退伍军人和残疾人等身份的人才管道分析,并实时发现任何存在的偏见,以便让领导者承担责任。苹果和英特尔等在内的多家知名科技公司已经在使用这种解决方案。

一些公司开始使用新技术来创建自己的招聘应用程序。例如,全球消费品公司强生推出了一个名为 Shine 的定制平台,使求职者的申请过程更加透明,包括可以实时追踪招聘进度。受其他功能的启发,强生现在使用净推荐值指标(通过调查跟踪)来衡量求职者在整个求职过程中的满意度。

强生的网站显示,公司已向 39000 名求职者发送了邮件,追踪他们在求职过程中是否感到得到了支持、求职周期是否过长或过短,以及他们是否会向朋友或家人推荐该公司。基于从这些回复中获得的建议,强生制定了公司未来几年的求职者体验策略。

与此同时,随着人力资源招聘和录用经历了技术复兴,许多领导者将发现他们需要在现场创建人机混合团队,以应对实时业务问题。当从各种各样的资源中挖掘出人类团队成员时,我称之为人才汇编。人才汇编模型的成功将取决于新技术的集成,如区块链,可确保潜在员工的安全、隐私和预先验证的资格审查。

美国国防部高级研究计划局(DARPA)正在设计可处理动态和复杂军事行动的人机系统。由于步兵必须执行三维世界、网络世界和电磁频谱的任务,人类和智能机器将需要组成无缝团队共同合作。

DARPA的敏捷团队(A-Teams)程序在学习如何通过编码数学模型来设计最优的人机工作组,编码的数学模型可预测哪一类资源在哪种情况下表现最佳。如果这些模型可以推广到其他行业,人才汇编器可显著提高自身能力,为科学和药物研发、物流规划和工程任务等创建最有效的团队(换句话说,人机混合团队可以比单纯的人类团队更有效地解决复杂问题)。

该类人才汇编可能对当前的敏捷开发系统也有重要的影响。例如,通用电气的FastWorks模型就是一个成功的制造方法,推行三个月的快速开发周期,在开发周期内,小规模人类团队部署最小化可行产品(MVPs),测试产品对客户的吸引力,并根据反馈迭代并改进产品。如果将人类团队转换为混合团队,周期会更短并更有针对性。

当然，不断变化的招聘模式以有趣的方式影响着员工权利。OnRec.com上的一篇文章中，英国特许人事发展协会（CIPD）的首席执行官彼得·切斯（Peter Cheese）对 *Taylor Review* 杂志及其在管理现代工作实践、规章制度和权利方面的潜力发表了评论。

切斯表示，改变监管并不是灵丹妙药。"公司需要承担更大的责任，确保工作质量、晋升机会和所有员工的公平待遇。"他还建议，执行现有标准，提高学徒制的灵活性，加强劳动力市场监管和报告，增加低收入委员会的作用，并鼓励各机构之间的联合工作和协调。

切斯建议为员工争取最低工作时间的权利，加强员工权利并保持灵活性，要谨慎对待英国新的国家最低工资。公司治理、良好管理、组织内强大的就业关系、与低收入雇主和行业密切合作是提高生产率和工作质量的最佳途径。

聚　焦

法国的"失联权"

那是 1998 年。我刚大学毕业，在纽约一家大型公关公司做初级客户协调员。我工作很努力，但我 6 点离开办公室后，一天的工作就结束了。但第二年，家用以太网接入成为现实。突然，我被要求随时待命。我很愤怒。我觉得我的付出没有得到应有的回报。我曾经历了实实在在一天工作

8小时的自由，我想要找回这种自由。

但这永远不可能了。在接下来的几年里，分散的工作时间变得更加普遍，以至于法国——作为一个国家——感到需要反击。法国通过了一项法律，限制指定工作时间之外进行的沟通。法律规定，员工人数超过50人的组织必须与员工对"关机"进行协商。协商的目的是让大家就员工有权在正常工作时间之外无视工作相关的请求达成共识。如果雇主和员工不能达成令人满意的结果，组织必须发布一份章程，明确界定有关工作时间外沟通的员工权利。

这项措施最初是由法国劳工部部长米里艾姆·埃尔·荷姆里（Myriam El Khomri）读了电信巨头Orange人力资源总监布鲁诺·梅特林（Bruno Mettling）的一份报告后提出的。梅特林在他的报告中解释说，"失联的权利"政策将减轻无休止的沟通带来的心理社会风险。

这不是空话。法国研究机构Eleas发布的一项研究显示，超过三分之一的法国员工每天使用电子设备加班。约60%的工人赞成通过监管来明确他们的权利。

"失联权"法是2017年春季法国出台的一系列劳动法的一部分。整套法律的初衷是为了应对每周35小时工作制带

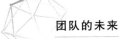
来的一些意想不到的负面影响。法国并不是第一个颁布此类法律的国家。2014年,德国劳工部通过了一项法律,禁止经理们在工作时间之外给员工打电话或发电子邮件,除非情况紧急。你可以立即发现其中的漏洞。什么是紧急情况,尤其是当你有一个A型老板的时候?

法国这样的法律肯定会鼓励人们就有效的工作/生活平衡进行更好的对话,或者我更愿意称之为"工作/生活一体化"。如果公司可以不再无论是否是工作时间都把尽可能多的工作甩给员工,但愿他们会协力定义期望,定义什么是真正重要的,以及员工可以如何为了自己的健康和组织的健康努力。

与此同时,法国是否注定会在竞争激烈的全球市场上失去一席之地?因为法国员工的工作时间比那些没有相关法律的国家要短,这种情况有可能发生。但如果真的发生了,我认为原因不是法律限制本身,而是员工普遍缺乏在有限的工作时间内获得最佳结果的动力。让我们面对现实吧,这不是你可以在全公司范围内立法的事情。

这条法律对其他国家意味着什么?我们能从法国(和德国)的实验中学到什么?我们可以先问自己一些棘手的问题。每个组织可以如何积极主动地处理加班的问题但又不与公司文化和业务需求相悖？管理人员如何在定制个人解决方案的同时，还能建立界限，保护过于认真或痴迷工作的员工呢？我们如何能接受更多的时间和更多的机会并不是提高生产力的方法，我们如何才能抓住问题的核心呢？

全球扩张

在第一章中，我们讨论了世界在如何缩小以及全球化如何成为现实。到21世纪中叶，很少会有组织只在一个国家开展业务。无论是在多个地点还是有遥远的客户，为海外扩张做好准备都是至关重要的。如果你没有在国外开展业务的经验，最好慢慢开始——也许先建立一个类似的市场（例如，从西方国家到西方国家），少一些复杂的因素，比如较远的运输距离或重大的贸易限制。下面是一些注意事项：

· **产品和服务**

仔细考虑以下问题的答案：你有什么证据证明你的产品或服务在国外市场会畅销？你的产品是否满足了同样的需求？为什么外国客户会信任你的组织而不是当地的竞争者？你有现成的国际客户群吗？你是否愿意调整你的品牌和销售方法，从而与目标市场的客户

产生共鸣?

· **文化差异**

在扩展业务之前,你需要进行实地调查(在线调查、访谈和旅行),了解目标国家的商业习俗和沟通方式。美国人可能更直接,中国人可能更恭敬,巴西人可能更容易合作,英国的业务通常比瑞典的节奏快。根据市场的不同,谈判、交易、客户互动,甚至是休闲时喝杯咖啡等也可能不同。

· **人员配备**

我们在第一章中讨论了全球人才库,但是,如果你在另一个国家开设办事处,你将需要雇佣整个团队。招聘具有国际工作经验并且会说你的语言的当地员工,他们可以引导你进入新的市场,并向你介绍必要的联系网。他们应该对你的产品有热情,并就翻译问题、材料来源和包装标准提出建议。

· **财务状况**

新国家意味着新的法规、税法和银行程序。确保你有一个合格的会计师,保证公司遵守所在国家的法律。

与21世纪商业的其他方面一样,全球扩张也充满挑战。你会发现在蒙特利尔行得通的不一定在西班牙行得通,不可避免地,你将会经历一些尝试和错误。然而,有合适的情报和团队,你将有无限成长和创新的机会。

行动计划

回答这些问题,为2030年工作场所做好准备:

1. 结合你在本书中所了解的,你公司现有的品牌推广在未来的商界奏效吗?你可能需要如何调整?

2. 如果你面临声誉危机并且负面信息在网络上疯传,你会怎么处理?你目前的程序有效吗?

3. 贵公司生产何种类型的知识产权?与过去相比,有改变吗?你现在如何保护它,将来又如何保护它?

4. 谈到数字转型,你的公司是领先还是落后于竞争对手?你能否承诺将现在依赖于手动操作的流程自动化或数字化?

5. 你会如何使用新技术/应用程序来减少招聘过程中的偏见?

6. 你的公司准备什么时候进行全球扩张?如果没有立即开始的机会,你可以采取哪些步骤来主动了解其他市场?

本章总结

· 21世纪中叶,随着客户与组织对话并通过实时社交渠道提供意见,品牌塑造必须不断被重新审视和调整。在混乱的容易迷失方向的市场中,公司必须准确地传达自身的定位,还有组织如何以及为什么践行所宣扬的理念。

· 如今我们生活在评级至上的社会，领导者必须雇用员工专门负责监督和在线声誉管理。必须建立产生积极评价和应对消极评价的方案。声誉团队应使用最先进的工具，追踪社交媒体渠道和其他相关论坛，以了解当前大众对组织、竞争对手和行业的看法。

· 鉴于过去20年发生的事件，人们难以信任企业实体是可以理解的。采纳和执行道德商业实践最近已经成为而且很可能将继续成为领导层的主要优先事项。迄今为止的努力，包括反腐和反欺诈特别行动，还远远不够，企业需要做更多的工作来营造诚信文化。

· 新的软件程序和应用程序使得我们更有效地寻找、招聘和培训员工。技术帮助我们避免成为人类弱点的牺牲品。

· 到21世纪中叶，很少会有组织只在一个国家开展业务。无论是在多个地点还是有遥远的客户，为海外扩张做好准备都是至关重要的。如果你没有在国外开展业务的经验，最好慢慢开始——也许先开拓一个类似的市场，少一些复杂的因素——比如较远的运输距离或重大的贸易限制。

说　明

　　本书的翻译工作由杨建玫（苏州科技大学教授）、赵会婷（河南大学民生学院教师）和赵明盟（河南师范大学新联学院教师）共同完成。由赵会婷翻译了引言、第一至五章的初稿，赵明盟翻译了序、第六至九章的初稿，杨建玫对初稿进行了修改、审校，并完成了全书的定稿。本书的翻译得到了浙江大学出版社编辑卢川老师、程一帆老师、程曼漫老师的大力支持和帮助，在此致以诚挚的谢意！